经济管理实践教材丛书

主 编／刘 宇 副主编／张 虹 曲 立

经济管理实践教材丛书

主 编／刘 宇
副主编／张 虹 曲 立

企业经营模拟及会计信息化综合实训

Comprehensive Training in
Business Simulation and Accounting Informatization

沈银萱 刘 青 ◎编著

社会科学文献出版社
SOCIAL SCIENCES ACADEMIC PRESS (CHINA)

本丛书出版得到北京市教委科技创新平台建设专项、知识管理研究学术创新团队专项、管理科学与工程学科建设专项资助

总　序

经济管理学院是北京信息科技大学最大的学院。目前该学院拥有管理科学与工程、企业管理、技术经济及管理、国民经济学、数量经济学 5 个硕士授权学科，其中管理科学与工程、企业管理为北京市重点建设学科；拥有北京市哲学社会科学研究基地——北京知识管理研究基地；拥有工业工程专业硕士；拥有会计学、财务管理、市场营销、工商管理、人力资源管理、经济学 6 个学士授权专业，设有注册会计师、证券与投资、商务管理、国际贸易 4 个专门化方向。

经济管理学院下设 5 个系：会计系、财务与投资系、企业管理系、营销管理系、经济与贸易系；现有教授 12 人、副教授 37 人，具有博士学位的教师占 25%，具有硕士学位的教师占 70%。教师中，有享受政府特殊津贴专家、博士生导师、跨世纪学科带头人，也有北京市教委人才强教计划学术创新拔尖人才、北京市教委人才强教计划学术创新团队带头人、北京市哲学社会科学研究基地首席专家、北京市重点建设学科带头人、北京市科技创新标兵、北京市科技新星、证券投资专家，还有北京市政府顾问、国家注册审核员、国家注册会计师、大型企业独立董事、一级学术组织常务理事，他们分别在计量经济、实验经济学、知识管理、科技管理、证券投资、项目管理、质量管理和财务会计教学与研究领域颇有建树，享有较高的知名度。

经济管理学院成立了知识管理研究所、实验经济学研究中心、顾客满意度测评研究中心、科技政策与管理研究中心、食品工程项目管理研究中心、经济发展研究中心、国际贸易研究中心、信息与职业工程研究所、金融研究所、知识工程研究所、企业战略管理研究所。

近五年来，经济管理学院在提高教学质量的同时，在科学研究方面也取得了丰硕的成果。完成了国家"十五"科技攻关项目、国家科技基础平台建设项目、国家科技支撑计划项目、国家软科学项目等 12 项国家级项目和 28 项省部级项目；荣获 2008 年国家科技进步奖，以及 6 项省部级奖；获得软件著作权 30 项；出版专著 26 部；出版译著 6 本；出版教材 20 本；发表论文 600 余篇。这些成果直接或间接地为政府部门以及企业服务，特别地服务于北京社会发展与经济建设。

基于培养创新能力强的应用型人才的需要，在长期有关实验实习工作研究、建设、整合、优化与提升过程中，经济管理学院建成了经济管理实验教学中心，下设财务与会计实验室、企业管理实验室、经济与贸易实验室。该中心覆盖了会计、财务与投资、企业管理、营销管理、经济与贸易、知识管理、实验经济学7个实验教学领域。该中心由实验室与专业系共同建设，专业教师与实验教师密切合作，取得了实质性的进展，其成果"工商管理专业实践教学体系构建与实施"获得了2008年北京市教育教学成果奖（高等教育）一等奖，并完成了这套经济管理实践教材丛书。

在北京市教委科技创新平台建设专项、科学技术与研究生建设项目、北京市重点建设学科建设项目、北京知识管理研究基地与北京市教委人才强教计划知识管理研究学术创新团队项目资助下，出版了这套经济管理实践教材丛书。

对于培养应用型人才来说，实践教学教材就显得十分重要，且需求量大。但由于实践教学教材个性化、差异化强，编写出版难度大，所以市场上可供选择的实践教学教材少，不能满足需求。这套教材是一种尝试，是一种交流，也是一种学习，难免有不当甚至错误之处，敬请批评指正。

我们有信心，在北京市教委与北京信息科技大学的大力支持与领导下，依靠学科、科研、教学与实验教学团队，精心设计、组织与建设，把经济管理实验教学中心建设成为北京市实验教学示范中心，为北京市经济社会发展培养急需的应用型人才做出更大的贡献。

主编 刘 宇

目 录

Contents

第二篇 会计信息化综合实训

Contents

Contents

Part II   Accounting Informatization

Chapter 7   Overview of Accounting Informatization / 155

Chapter 8   Accounting Informatization Training / 166

Chapter 9   Construction of Accounting Informatization Platform / 168

Chapter 10   Initial Setting of Accounting Informatization / 172

Chapter 11   Daily Processing of Accounting Informatization / 182

前　言

Preface

　　全面推进会计信息化工作，是贯彻落实国家信息化发展战略的重要举措，对于全面提升我国会计工作水平具有十分重要的意义。2009 年财政部发布的《关于推进我国会计信息化工作的指导意见》明确提出大力推进会计信息化工程是我国会计界接下来一段时间重点要做的工作之一，提出了会计信息化的发展目标、总体任务、系统构成、职责分工和有关工作要求。该指导意见特别强调全面推进会计信息化工作，人才是关键，提出要利用学历教育等方式加强、加快会计信息化人才的培养。作为理论研究和人才培养基地的高等学校责无旁贷，加快培养适应会计信息化发展需要的人才，必须加快相关课程的改革。本书就是改革创新的成果之一。

　　本书共分两篇。第一篇为企业经营模拟，主要介绍"创业者"企业经营模拟系统的结构、规则、流程，以及企业运营过程、企业运营结果、企业预测和决策等内容，由学生自主组建企业，在高仿真的模拟系统中，企业进行自主经营、预测和决策，最后进行经营成果评比；第二篇为会计信息化综合实训，利用 C/S 结构的 ERP - U8 管理软件中的总账管理、UFO 报表、固定资产管理、应收款管理、应付款管理以及供应链管理中的采购管理、销售管理、库存管理、存货核算等系统，模拟企业会计信息化平台的搭建、企业在信息化条件下的业务核算和自动生成财务报表，以及如何进行企业财务分析、财务预测和财务决策等内容。两篇内容各有不同的侧重点，第一篇内容的学习是第二篇内容学习的前提和基础，第二篇内容是全书的重点和难点。

本书将企业经营和企业会计信息化内容有机地结合起来。企业一边经营一边进行会计信息化平台的搭建，利用会计信息化平台进行业务核算，根据业务核算结果，实时有效地控制企业的经营活动。在会计信息化平台上，可以实时自动生成各种企业所需要的财务信息，根据信息分析判断企业的经营情况、市场情况、竞争对手情况等，从而做出企业下一步的经营决策和经营预测。

本书内容理论联系实际，能够使学生深刻体会理论知识的重要性；交叉应用多学科知识，综合性较强。在学习的过程中，学生分角色、分岗位，这种体验式教学激发了学生学习的主动性，增强了团队合作意识。模拟企业采用信息化核算与管理，使学生不仅能够掌握企业实施会计信息化的具体方法和步骤，而且能够深刻体会会计信息化对企业经营管理的巨大作用。

本书适用于本科及高职高专院校财经类、管理类专业的会计信息化教学，同时也可作为会计人员继续教育的培训教材。

本丛书主编刘宇，副主编张虹、曲立对全书进行了审定。本书在写作过程中得到了北京信息科技大学经济管理学院葛新权院长的悉心关怀，在此特表谢意。

由于编著者水平有限，再加上时间仓促，书中难免存在疏漏和不妥之处，敬请批评指正。

作　者

2015 年 12 月

第一篇

企业经营模拟

第一章 企业经营模拟概述

一 企业经营模拟课程的内容和目标

企业经营模拟课程利用用友公司的实物沙盘和"创业者"企业经营模拟系统，模拟了一个逼真的、竞争激烈的市场环境，通过沙盘再现了企业的实际运作过程和各种经营决策过程。该课程使学生直面企业经营中的各种问题，推动学生思考如何利用自己所学的各种管理学科知识来帮助企业分析问题、解决问题，以提高企业的经营业绩和抗风险能力，从而使学生在参与、体验中完成从知识到技能的转化。

企业经营模拟课程是一门综合性的课程，内容涉及企业整体战略、产品研发、生产过程、市场营销与销售、财务、团队协作与沟通等多个方面，具体内容如下。

1. 企业整体战略方面

（1）评估内部资源与外部环境，制定长期、中期、短期发展策略；

（2）预测市场趋势，调整既定战略。

2. 产品研发方面

（1）产品研发决策；

（2）必要时做出修改研发计划，甚至中断项目的决定。

3. 生产过程方面

（1）选择获取生产能力的方式（购买或租赁）；

（2）设备更新与生产线改良；

（3）全盘生产流程调度决策，匹配市场需求、交货期、数量及设备产能；

（4）库存管理及产销配合；

（5）必要时选择清偿生产能力的方式。

4. 市场营销与销售方面

（1）市场开发决策；

（2）新产品开发、产品组合与市场定位决策；

（3）模拟在市场中短兵相接的竞标过程；

（4）打探同行情况，抢攻市场；

（5）建立并维护市场地位，必要时做出退出市场的决策。

5. 财务方面

（1）制订投资计划，评估应收账款金额与回收期；

（2）预估长期与短期资金需求，寻求资金来源；

（3）掌握资金来源与用途，妥善控制成本；

（4）洞悉资金短缺前兆，以最佳方式筹措资金；

（5）分析财务报表，掌握报表重点与数据含义；

（6）运用财务指标进行内部诊断，协助管理决策；

（7）以有限资金转亏为盈，创造高利润；

（8）编制财务报表，结算投资报酬，评估决策效益。

6. 团队协作与沟通方面

（1）实地学习如何在立场不同的各部门间沟通协调；

（2）培养不同部门人员的共同价值观与经营理念；

（3）建立以整体利益为导向的组织。

该课程采用体验式教学，极大地激发了学生学习的兴趣。教学内容理论联系实际，能够使学生深刻体会理论知识的重要性；交叉应用多学科知识，综合性较强。在学习的过程中，学生分角色、分岗位，这种体验式教学激发了学生学习的主动性，增强了团队合作意识，培养了学生在企业经营全过程中分析、预测和决策的能力。

二 企业经营模拟系统简介

企业经营模拟系统包括用友公司的实物沙盘和最新推出的"创业者"企业经营模拟软件，以此构建了基于流程的企业经营模式，高仿真地模拟企业市场竞争及经营过程，实现交易活动循环（包括银行贷款、销售订货、原材料采购、交货、应收账款回收、市场调查等）和控制。在选取订单、经营过程、报表生成、财务分析中，实物沙盘情况和"创业者"企业经营模拟软件自动生成的信息可以相互核对，使得企业经营模拟更为规范和科学。学生通过角色体验和模拟企业经营全过程，参与企业全面经营管理。

三 教学环境

课程在有局域网的实验室或者实训基地进行，"创业者"企业经营模拟系统采用 B/S 架构，基于 Web 操作平台，可以实现本地或异地的训练。

第二章 模拟企业运营背景与规则

一 模拟企业外部市场环境

模拟企业面临的是一个完全竞争的外部市场环境。各个企业在完全竞争的市场环境中互为竞争对手，面临其他企业的激烈竞争。

1. 市场需求

不同的市场在不同的年份对各类产品及其质量有着不同的需求，销售价格也存在明显的差异。市场情况是根据市场预测资料提前公布的，包括各个市场中各种产品的总需求量、价格、客户对产品技术及质量的要求等。在"创业者"企业经营模拟系统中，市场会根据竞争企业的数量，及时更新市场预测资料并予以发布。企业要根据市场预测资料来分析各个市场中各种产品的需求量，从而进行企业的各种决策。图 2-1 至图 2-5 为 6 个企业（小组）在不同市场的产品需求量与价格预测情况。

分析本地市场将会持续发展，对低端产品 P1、P2 的需求量可能要下滑。随着需求的减少，P1、P2 产品的价格很有可能走低。后几年，随着高端产品 P3、P4 的成熟，市场对 P3、P4 产品的需求量将会逐渐增大（见图 2-1）。由于客户的质量意识不断提高，后几年可能对产品的 ISO 9000 和 ISO 14000 认证有更多的需求。

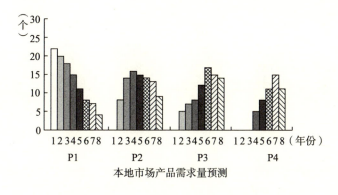

本地市场产品需求量预测

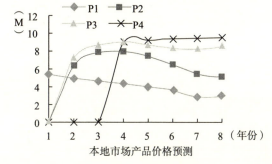

本地市场产品价格预测

图 2－1　本地市场预测

注：1M 代表 100 万元，在沙盘模拟中用 1 个币来代表 1M。

区域市场的客户相对稳定，对 P 系列产品需求的变化很有可能比较平稳。因紧邻本地市场，所以产品需求量的走势可能与本地市场相似，价格趋势也应大致相同（见图 2－2）。该市场容量有限，对高端产品 P3、P4 的需求量也可能相对较小，但客户会对产品的 ISO 9000 和 ISO 14000 认证有较高的要求。

因 P1 产品带有较浓的地域色彩，估计国内市场对 P1 产品不会有持久的需求。但 P2 产品因更适合于国内市场，估计需求量会一直比较平稳。随着对 P 系列产品的逐渐认同，估计对 P3 产品的需求量会越来越大，但对 P4 产品的需求就不一定像 P3 产品那样旺盛（见图 2－3）。当然，对高价值的产品来说，客户一定会更注重产品的质量认证。

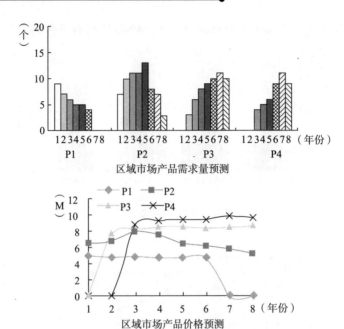

区域市场产品需求量预测

区域市场产品价格预测

图 2 − 2　区域市场预测

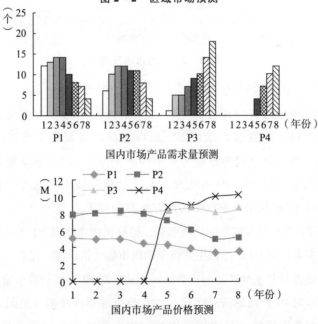

国内市场产品需求量预测

国内市场产品价格预测

图 2 − 3　国内市场预测

亚洲市场一向波动较大，所以对 P1 产品的需求量可能起伏较大，估计对 P2 产品的需求走势与 P1 产品相似。但该市场对新产品很敏感，因此估计对 P3、P4 产品的需求量会越来越大，价格也可能不菲（见图 2 - 4）。另外，这个市场的消费者很看重产品的质量，所以没有经 ISO 9000 和 ISO 14000 认证的产品可能很难销售。

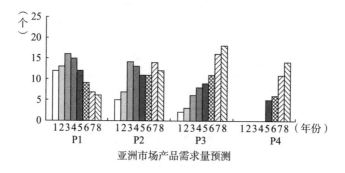

亚洲市场产品需求量预测

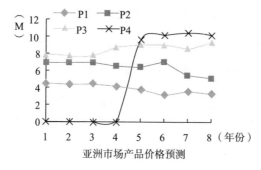

亚洲市场产品价格预测

图 2 - 4 亚洲市场预测

P 系列产品进入国际市场可能需要一个较长的时期。有迹象表明，国际市场对 P1 产品已经有所认同，但还需要一段时间才能被市场接受。同样，国际市场对 P2、P3 和 P4 产品也会很谨慎地接受，需求量上升较慢（见图 2 - 5）。当然，国际市场的客户也会关注具有 ISO 认证的产品。

2. 市场准入制度

企业面向本地、区域、国内、亚洲和国际五个市场销售产品，

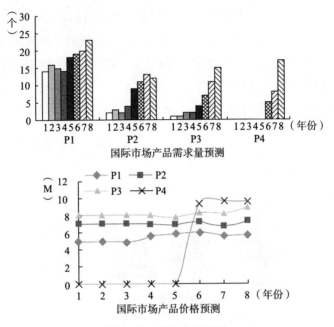

图 2 - 5　国际市场预测

每个市场都需要企业进行开发和培育，开发结束后才能在该市场销售产品。市场开发所需的费用和时间见表 2 - 1。

表 2 - 1　市场开发所需的费用和时间

市场	费用	时间	备注
本地	1M/年	1 年	开发费用按开发时间在年末平均支付，不允许加速投资；市场开发完成后，领取相应的市场准入证；可中断开发
区域	1M/年	1 年	
国内	1M/年	2 年	
亚洲	1M/年	3 年	
国际	1M/年	4 年	

二　模拟企业内部环境

1. 企业组织结构

企业的经营管理涉及制定战略、采购、生产、市场营销、财务管理、信息化等经济活动。此课程将参加训练的学生分组，每组 5~6 人，每组组建一个不同的模拟企业，模拟企业的组织结构见图 2-6。

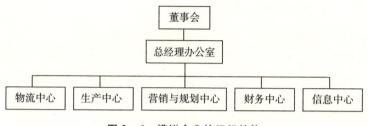

图 2-6　模拟企业的组织结构

2. 企业的人力资源及岗位分工

在组织结构中，每个小组的 5~6 名成员将分别担任企业的重要职位：首席执行官（CEO）、营销总监、生产总监、采购总监、财务总监（CFO）、信息化总监（CIO）等。各个企业中处于不同职位的成员要根据设定的权限在企业经营过程中做出如新产品的开发、生产设施的改造、新市场中销售潜能的开发、企业筹措资金等决策，整个团队紧密团结，相互沟通，使企业不断发展壮大。在沙盘模拟中，每个团队都要经过组建、磨合、逐渐形成默契、完全进入协作状态的过程。在这个过程中，模拟企业的各个成员会逐步认识到，只有整个团队达成共识，朝着共同的绩效目标努力，遵守相应的工作规范，彼此信任和支持，企业才能成功。

每个学生都有着丰富的个性，在团队中分配合适的角色给不同个性的成员，由他们分别承担不同的岗位职责，是沙盘模拟对抗开始阶段非常重要的内容。

（1）首席执行官

首席执行官是团队中最重要的角色，企业所有重大决策均由首席执行官带领团队成员共同决定，如果意见出现分歧，则由首席执行官决定。其重要职责包括：

①制定企业的经营战略；

②负责团队的分工与协作；

③制定企业年度经营策略；

④进行全面预算管理；

⑤决定企业所有的重大决策。

（2）营销总监

因为模拟市场是买方市场，所以销售是企业生存和发展的关键，营销总监在团队中的地位也显得非常重要，其责任为开拓市场、扩大销售。其重要职责包括：

①根据企业的经营战略，确定企业的市场战略。既要稳中求升企业现有的市场，又要及时开拓新的市场，扩大销售；

②进行市场预测，合理进行广告投放，取得与企业生产能力相匹配的客户订单；

③按时交货给客户，监督货款的收回，进行客户关系管理；

④充当商业间谍，监控竞争对手的情况。

（3）生产总监

生产总监负责管理和监控企业的所有生产活动。其重要职责包括：

①根据企业经营战略、市场战略，制订年度生产计划；

②组织生产，按时交货；

③进行新产品研发；

④按计划进行新生产设备投资。

（4）采购总监

采购总监根据生产计划进行采购，确保在合适的时间采购所需的物资，使得采购成本最低。其重要职责包括：

①编制采购计划；

②及时足量地采购生产所需原料；

③组织企业进行有序生产；

④紧急采购原材料及产品。

（5）财务总监

财务总监是团队中另一个非常重要的角色，承担企业财务管理和会计的职能。其重要职责包括：

①进行现金预算，管好、用好资金；

②采取合理方式筹备资金，使得资金成本最低；

③支付各种费用，核算成本；

④编制财务报表，进行财务分析。

（6）信息化总监

企业实现信息化的目的是使企业充分开发和有效利用信息资源，把握机会，做出正确决策，提高企业运行效率，最终提高企业的竞争力水平。信息化总监是负责企业实现全面信息化的重要岗位。其重要职责包括：

①筹划企业全面信息化战略；

②负责企业全面信息化的实施；

③制定企业信息化内部控制制度；

④进行企业信息化评估。

3. 模拟企业的资本结构

模拟企业在经营开始时，可以获得股东一定量的投资额，一般是60M 或70M。

企业在经营过程中，可以通过长期贷款获得长期投资资金，通过短期贷款、应收账款贴现和库存拍卖获得流动资金。贷款的时间、额度、利息率、还款方式等有着不同的规定（见表2-2）。

表2-2 融资方式

贷款类型	贷款申请时间	贷款额度	年利息	还款方式
长期贷款	每年年初	长期贷款和短期贷款之和，为上年权益的3倍	10%	年初付息，到期还本，为10的倍数

续表

贷款类型	贷款申请时间	贷款额度	年利息	还款方式
短期贷款	每季度初	长期贷款和短期贷款之和，为上年权益的3倍	5%	到期一次还本付息，为20的倍数
应收账款贴现	任何时间	根据应收账款额	1～2季为1/10，3～4季为1/8	变现时贴息
库存拍卖	原材料9折，成品按成本出售			

4. 模拟企业可投资的资产情况

（1）产品结构

各模拟企业生产的产品为P系列产品，分为P1、P2、P3、P4四个产品系列，分属中低端到高端不同档次。生产某种产品需要该产品的生产资格，生产资格的获得需要一定的费用和时间进行开发。各种产品的开发费用、开发周期、加工费用、直接成本和产品组成见表2-3。

表2-3 产品信息

产品名称	开发费用	开发周期	加工费用	直接成本	产品组成
P1	1M/季	2季	1M	2M	R1
P2	1M/季	4季	1M	3M	R2+R3
P3	1M/季	6季	1M	4M	R1+R3+R4
P4	2M/季	6季	1M	5M	R2+R3+2R4

（2）原材料

生产四种产品所需的原材料有R1、R2、R3、R4，每一种原材料的价格均为1M，原材料需要提前一个季度或两个季度进行预订（见表2-4）。否则就会影响原材料的到货，以致影响产品的生产。

表 2 - 4 原材料信息

原材料名称	购买价格	提前期
R1	1M	1 季
R2	1M	1 季
R3	1M	2 季
R4	1M	2 季

（3）生产线

模拟企业的生产可以选择采用手工、半自动、全自动和柔性生产线四种类型。每种生产线都可以生产 P1、P2、P3 和 P4 产品，生产线可以转产。转产周期、生产周期都与产品无关，各种生产线的相关数据见表 2 - 5。

表 2 - 5 生产线信息

生产线类型	购置费	安装周期	生产周期	总转产费	转产周期	维修费	残值
手工生产线	5M	无	3 季	0M	无	1M/年	1M
半自动生产线	10M	2 季	2 季	1M	1 季	1M/年	2M
全自动生产线	15M	3 季	1 季	2M	1 季	1M/年	3M
柔性生产线	20M	4 季	1 季	0M	无	1M/年	4M

注：不论何时出售生产线，价格为残值，净值与残值之差计入损失；只有空生产线方可转产；当年建成的生产线需要缴纳维修费。

生产线建成的第二年开始计提折旧，折旧方法为平均年限法。生产线年折旧额见表 2 - 6。

表 2 - 6 生产线年折旧额

生产线类型	购置费	残值	建成第一年	建成第二年	建成第三年	建成第四年	建成第五年
手工生产线	5M	1M	0	1M	1M	1M	1M
半自动生产线	10M	2M	0	2M	2M	2M	2M
全自动生产线	15M	3M	0	3M	3M	3M	3M
柔性生产线	20M	4M	0	4M	4M	4M	4M

（4）厂房

企业厂房可以购买也可以租用。租用的厂房每年需要支付租金，厂房租入一年后，方可进行租转买、退租等处理。如果续租，系统会自动处理。在企业资金流非常紧张的情况下，拥有产权的厂房还可以进行贴现处理，获得现金（见表2-7）。

表 2-7　厂房信息

厂房名称	购买价格	租金	销售价格	容量	备注
大厂房	40M	5M/年	40M	6 条生产线	厂房出售得到 4 个账期的应收账款，紧急情况下可将应收账款贴现，直接得到现金
小厂房	30M	3M/年	30M	4 条生产线	

注：厂房不计提折旧。

（5）资格认证

企业可以进行 ISO 9000 和 ISO 14000 的资格认证。获得资格认证后就有机会得到有 ISO 9000 和 ISO 14000 认证要求的订单，这样的订单一般产品价格稍高。企业获取认证的时间和所需的费用见表2-8。

表 2-8　企业获取认证的时间和所需的费用

资格	时间	费用	备注
ISO 9000	2 年	1M/年	平均支付，认证完成后可以领取相应的资格证，也可中断投资
ISO 14000	2 年	2M/年	

三　模拟企业运营规则

1. 获得产品订单规则

企业投放广告后，需要按照一定的规则在市场中竞争各种产品订单（选单）。选单的优先顺序为：第一，比较企业在本市场的上年销售额，本市场上年销售额最高者（并且上年无违约）优先；第二，看本市场本产品投放的广告额，广告额高者优先；第三，看本市场投放的广告总额，广告总额高者优先；第四，看本市场销售排名，销售排名靠前者优先；第五，如仍无法决定，系统自动抽签。

2. 订单交割规则

订单要在规定的交货时间前完成交割，不可推后。若违约须收回订单，并且要支付违约金，同时失去市场"老大"的地位。

3. 紧急采购规则

企业原材料如果不能及时到货，或者交付订单时产品不能及时下线，为了避免造成更大的损失，可以采取紧急采购措施。紧急采购时付款即到货，原材料紧急采购的价格根据后台参数设定，一般为直接成本的2倍，产成品紧急采购的价格一般为其成本的4倍。

4. 破产规则

如果企业经营不善，导致现金断流或所有者权益为负数时，将宣布企业破产，企业停止经营，等待破产清算。

5. 核算规则

（1）小数金额的处理。一般情况下，违约金的扣除向下取整；库存拍卖所得现金向下取整；贴现费用向上取整；扣税向下取整。

（2）库存折价出售、生产线变卖、紧急采购、订单违约记入损失。

（3）其他重要参数可在后台设置，见图2-7。

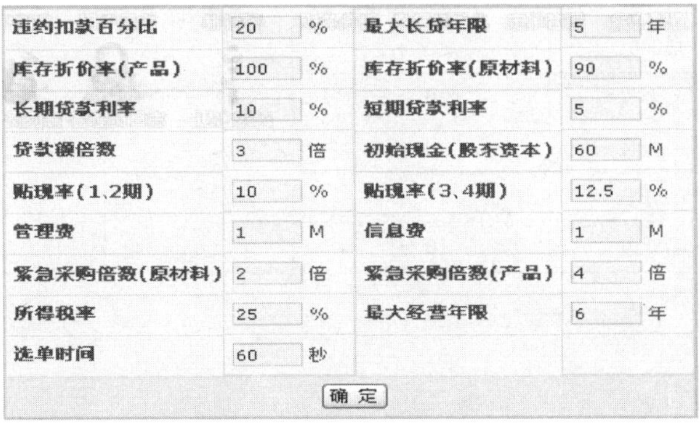

违约扣款百分比	20	%	最大长贷年限	5	年
库存折价率（产品）	100	%	库存折价率（原材料）	90	%
长期贷款利率	10	%	短期贷款利率	5	%
贷款额倍数	3	倍	初始现金（股东资本）	60	M
贴现率（1、2期）	10	%	贴现率（3、4期）	12.5	%
管理费	1	M	信息费	1	M
紧急采购倍数（原材料）	2	倍	紧急采购倍数（产品）	4	倍
所得税率	25	%	最大经营年限	6	年
选单时间	60	秒			

确定

图2-7　参数设置界面

四 模拟企业经营结果评分

各企业当年经营完成，系统会自动根据评分标准对各企业当年的经营结果进行评分，并按照评分结果进行排名。企业的综合评估根据企业财务状况（资产负债表）和经营成果（利润表）来确定，以企业最终获得的权益为基数计算。评分＝所有者权益×（1＋权重系数），权重系数主要与企业的生产能力和拥有的资产以及产品研发水平、市场状况、认证资格等有关，权重系数由表2-9中各项得分之和÷100得到。表中的项目和分值可以调整。按照评分的高低，得出经营成果排名。

表2-9 企业经营综合评分表

项目	各项得分	权重系数	经营成果评分
手工生产线	5分/每条	各项得分之和÷100	企业所有者权益×（1＋权重系数）
半自动生产线	7分/每条		
全自动/柔性生产线	10分/每条	各项得分之和÷100	企业所有者权益×（1＋权重系数）
区域市场开发	10分		
国内市场开发	10分		
亚洲市场开发	10分		
国际市场开发	10分		
ISO 9000	10分		
ISO 14000	10分		
P1产品开发	10分		
P2产品开发	10分		
P3产品开发	10分		
P4产品开发	10分		

第三章　模拟企业运营过程

一　模拟企业平台的搭建

关于模拟企业的平台，我们分别在实物沙盘上和"创业者"企业模拟经营系统中进行搭建（见图 3 – 1）。

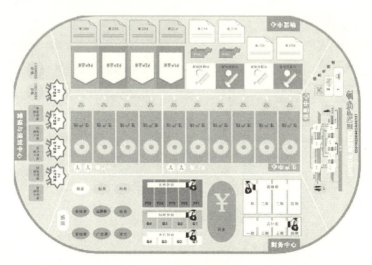

图 3 – 1　实物沙盘

在实物沙盘上，分别按照财务中心、生产中心、物流中心、营销与规划中心等盘面中企业的分区，让小组成员按照角色分工坐在相应的区域（见图 3－2）。

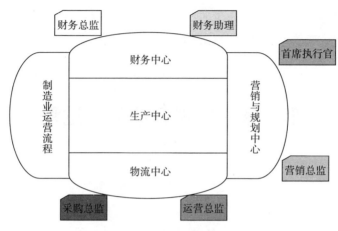

图 3－2　实物沙盘区域

同时，在电子沙盘中进行用户登记（见图 3－3）。

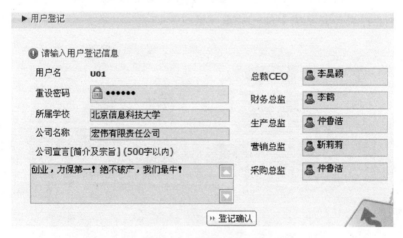

图 3－3　用户登记界面

首次登录步骤如下。

（1）打开 IE 浏览器，在地址栏输入"创业者"所在服务器地址（如北京信息科技大学地址为 http：//59.64.79.20/member/login.asp），进入"创业者"系统；点击"创业者"标志进入学生端登录窗口，用户名为公司代码 U01、U02……首次登录的初始密码为"1"，密码可修改。

（2）首次登录进行模拟企业的信息登记。输入模拟企业名称、公司宣言、公司组织结构及人员的具体分工。只有第一次登录需要填写登录密码、公司名称（必填）、各职位人员姓名（可以在一个职位中输入两个以上的人员姓名，必填）。信息登记确认后不可更改。

二 模拟企业具体运营过程

模拟企业需要根据运营规则，按照一定的流程顺序分别在实物沙盘盘面和电子沙盘上进行企业的运营活动（见表 3-1）。

表 3-1 企业经营记录表（现金流量表）

用户_____ 第___年经营

操作顺序	企业经营流程		每执行完一项操作，由 CEO 在相应的方格内打钩
	实物沙盘手工操作流程	电子沙盘系统操作流程	手工记录
年初	新年度规划会议		
	广告投放	输入广告费并确认	
	支付所得税（25%）	系统自动	
	支付长期贷款利息	系统自动	
	更新长期贷款/长期贷款还款	系统自动	
	参加订货会	选单	
	申请长期贷款	输入贷款数额并确认	
1	季初盘点（请填余额）	产品下线，生产线完工（自动）	
2	更新短期贷款/短期贷款还本付息	系统自动	
3	申请短期贷款	输入贷款数额并确认	
4	原材料入库/更新原材料订单	需要确认金额	

续表

操作顺序	企业经营流程	每执行完一项操作，由 CEO 在相应的方格内打钩			
	实物沙盘手工操作流程	电子沙盘系统操作流程	手工记录		
5	下原材料订单	输入并确认			
6	购买/租用厂房	选择并确认，自动扣现金			
7	更新生产/完工入库	系统自动			
8	新建/在建/转产/变卖生产线	选择并确认			
9	紧急采购（随时进行）	随时进行输入并确认			
10	开始下一批生产	选择并确认			
11	更新应收账款/应收账款收现	需要输入到期金额			
12	按订单交货	选择交货订单确认			
13	产品研发投资	选择并确认			
14	厂房出售（买转租/退租/租转买）	选择确认，自动转应收账款			
15	新市场开拓/ISO 资格认证	仅第四季度允许操作			
16	支付管理费/更新厂房租金	系统自动			
17	出售库存	输入并确认（随时进行）			
18	厂房贴现	随时进行			
19	应收账款贴现	输入并确认（随时进行）			
20	季末收入合计				
21	季末支出合计				
22	季末数额对账［（1）+（20）-（21）］				
年末	缴纳违约订单罚款（20%）	系统自动			
	支付设备维护费	系统自动			
	计提折旧	系统自动			（ ）
	结账				

注：年末计提折旧时，与现金流无关，因此在表中标注（　　）以示区别。

CEO 签字：

所有的运营过程同时在电子沙盘和实物沙盘中完成，电子沙盘界面见图3-4。

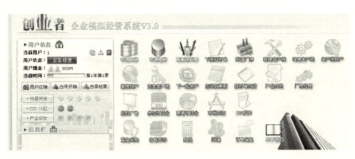

图3-4　电子沙盘界面

（一）年初企业运营活动

1. 新年度规划会议

在新年度开始，企业要召开新年度规划会议，制订年度计划。年度计划包括年度战略、销售计划、设备投资与改造计划、生产计划、采购计划、现金预算等。

（1）年度战略。年度战略包括企业的发展战略、生产战略以及市场战略、投融资战略等。

（2）销售计划。销售计划要说明企业根据年度战略，确定企业销售什么产品、在什么地区销售，并预测最大可销售量等。

（3）设备投资与改造计划。企业进行设备投资与改造要考虑市场对各种产品的需求情况、企业目前的产能、新产品的研发过程、设备投资情况、新设备用于生产何种产品、设备投资资金来源、设备安装地点、设备上线的具体时间等。

（4）生产计划。根据销售计划制订生产计划，生产计划包括生产什么、生产多少、何时生产等内容。

（5）采购计划。根据生产计划制订物料需求计划，根据物料需求计划制订采购计划。采购计划包括采购什么、采购多少、何时下采购订单、采购何时入库等内容。

（6）现金预算。现金预算是非常重要的一项预算，包括现金收入预算和现金支出预算。准确的现金预算可以保证企业最大限度地利用各种资源扩大生产，也能避免企业陷入资金断流的困境。

2. 广告投放

广告投放是分市场、分产品进行的。投入 1M 有一次选单的机会，以后每多投 2M 便增加一次选单的机会。一次机会只允许取得一张订单。例如，在本地市场投入 5M 广告费，表示在本地市场有3 次选单的机会，最多可以拿 3 张订单，但是最终能拿到几张订单要由当年的市场需求和竞争状况决定。所以，广告投放要在对市场的需求、企业的市场地位、企业本身的生产能力、企业的现金流、竞争对手的情况等进行综合分析的基础上来确定。

在电子沙盘中，广告投放界面见图 3-5。

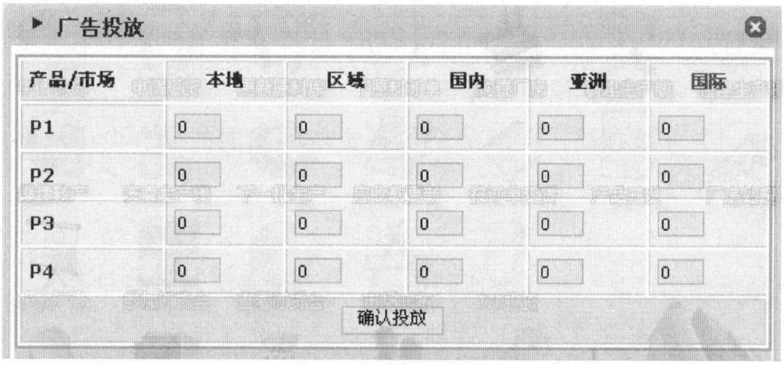

▶ 广告投放					⊗
产品/市场	本地	区域	国内	亚洲	国际
P1	0	0	0	0	0
P2	0	0	0	0	0
P3	0	0	0	0	0
P4	0	0	0	0	0
		确认投放			

图 3-5 广告投放界面

规则说明：

（1）根据产品和市场组合分别投放，确认后不可更改；

（2）市场名称为红色表示该市场尚未开发出来，不可投放广告；

（3）广告投放完成后，可以通过广告查询，查看已经完成投放的其他公司的广告投放情况；

（4）广告投放确认后，长期贷款本息及税同时扣除；

（5）如果本系统初始状态只有现金，第一年无订单，那么第一年就不需要投放广告。

3. 支付广告费/支付所得税/支付长期贷款利息/更新长期贷款/长期贷款还款

广告投放确认后，在电子沙盘中系统会自动完成支付广告费/支付所得税/支付长期贷款利息/更新长期贷款/长期贷款还款等经济业务（见图3-6）。

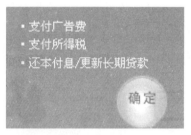

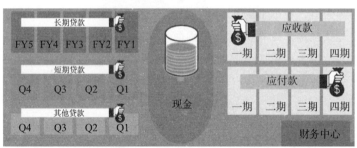

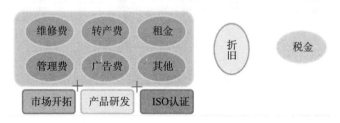

图3-6　支付广告费/支付所得税/长期贷款还本付息及更新沙盘

在实物沙盘上操作：①由营销主管从财务中心申请广告费，财务中心从现金库支付现金，营销主管将现金放入企业综合费用的广告费中，作为企业的广告费支出；②支付的所得税是上年的应付所得税，在本期缴纳，由财务中心取出应支付的税金额，放入税金栏中；③长期贷款在年初支付利息，到期还本，从财务中心取出应支付的利息，放入综合费用的其他栏中；④财务中心应将放在长期贷款位置的代表长期贷款的空桶向右移动一格，表示更新长期贷款。

4. 参加订货会

参加订货会要注意订单选择的先后顺序。选单顺序如下：①上年本市场销售"老大"（市场销售"老大"须无违约），需要说明的是，第一年投放广告时没有市场销售"老大"；②本市场本产品广告额最高的；③本市场广告额最高的；④本市场销售额最高的；⑤若仍不能判定，则由系统抽签决定。

企业按照先后顺序分市场和分产品分别进行选单，每个企业在某市场和某产品中先选第一轮，只有一次机会，选择一张订单。第一轮选完后，在本市场和本产品投放广告超过3M的企业中按顺序进行第二轮选择，没有选单机会的企业则退出该轮选单，等待下一轮选单。每年竞单完成后，根据某个市场的订单总额进行排名，排名第一的为该市场"老大"，下年可以在该市场优先选单。

在电子沙盘中，订货会界面见图3-7。

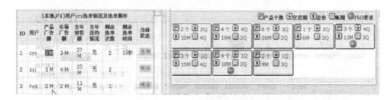

图3-7 订货会界面

规则说明：

（1）选单权限按照选单顺序由系统自动传递；

（2）可放弃本回合及本年选单，但仍可查看其他队选单；

（3）显示为红色的订单不可选；

（4）系统自动判定是否有ISO资格；

（5）有权限企业必须在倒计时以内选单，否则系统视为放弃本回合。

选单时要注意两个期限：一是交货期；二是应收账款的账期。订单中的产品必须在交货期（规定的期限）内制造完成，并在交货期之前完成交货。如果没有按期交货，要受到以下处罚：①如果上年是市场"老大"的，则失去市场"老大"资格，也就没有了优先选单的资格；②收回违约的那张订单，并扣除订单额的20%作为违约金。当然也可以通过紧急购买产品的方式来避免不能按期交货，但是紧急采购成品价格为直接成本的4倍。应收账款的账期是指交货后获得的应收账款的账期，如果账期为0，则说明交货后收到的是现金。

在电子沙盘中，所选订单界面见图3-8。

图3-8 所选订单界面

如果要取得要求产品具备ISO标准的订单，那么企业首先需要通过ISO认证。

5. 申请长期贷款

长期贷款信息见表3-2。

表3-2 长期贷款信息

贷款类型	贷款申请时间	贷款额度	年利息	还款方式
长期贷款	每年年初	长期贷款和短期贷款之和，为上年权益的3倍	10%	年初付息，到期还本，为10的倍数

规则说明：

（1）选单结束后第一项操作，注意申请长期贷款一年只能操作一次，然后才能进行当年开始的其他经营活动（也就是说，如果申请长期贷款，必须在"当年开始"前申请）；

（2）贷款额度和年利息均由管理员在后台设定，贷款额度通常设定为"长期贷款和短期贷款之和，为上年权益的3倍"，年利息设定为10%；

（3）不可超出最大贷款额度，本年最大贷款额度＝上年权益的3倍－已贷的长期贷款和短期贷款之和；

（4）可选择贷款年限，最长期限为5年，确认后不可更改；不允许提前还款，结束年时，不要求归还没有到期的长期贷款；

（5）贷款额为10的倍数。

在实物沙盘上操作：一般由财务中心拿一个空桶，将写有贷款具体金额的纸条放入空桶内，然后将其放在长期贷款相应年限的位置，同时将贷款获得的现金放入财务中心的现金库中。

（二）企业每季度日常运营活动

在电子沙盘中，每季度经营开始及结束需要确认——当季（年）开始、当季（年）结束。第一季度显示为当年开始，第四季度显示为当年结束。

在季度经营中要注意：

（1）亮色按钮为可操作权限；

（2）如破产则无法继续经营，自动退出系统；

（3）现金不够请紧急融资（如出售库存、贴现等）；

（4）更新原材料库和应收账款为每季度必走流程；

（5）操作顺序并无严格要求，但建议按流程进行操作。

1. 当季（年）开始

选单结束或长期贷款后即当季（年）开始。另外，上季（年）结束，开始新一季（年）经营需要从当季（年）开始。

在电子沙盘中，当季（年）开始界面见图3-9。

图 3 – 9 当季（年）开始界面

规则说明：

（1）当季（年）开始后，系统自动扣除短期贷款本息；

（2）系统自动完成更新生产、产品入库及转产操作。

在实物沙盘上操作——还本付息/更新短期贷款：①对于尚未到期的短期贷款，财务中心应将置于短期贷款位置处代表短期贷款的桶向右移动一格，表示更新短期贷款；②对于到期的短期贷款，财务中心要还本付息，从现金库中拿出本息，将本金交还给外部的银行，并将利息放入综合费用的其他栏中（见图 3 – 10）。

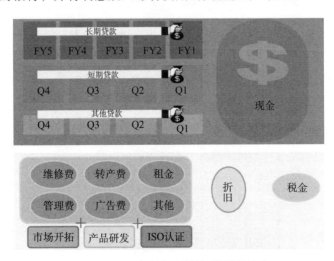

图 3 – 10 还本付息/更新短期贷款沙盘

在实物沙盘上操作——更新生产/完工入库：将生产线上的产品往上推动1Q，将完工的产品从生产线下线到产品库中（见图3-11）。

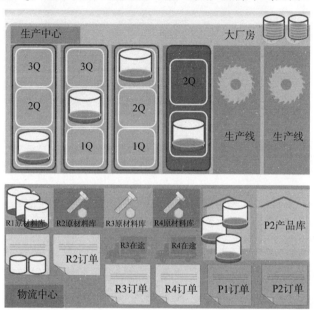

图3-11　更新生产/完工入库沙盘

在实物沙盘上操作——生产线完工/转产完工：将已完成投资的生产线从背面反转过来，将桶中的金额放入生产线下的生产线净值处；将已完成转产的生产线产品标识转为正面，并将转产费放入综合费用的转产费中（见图3-12）。

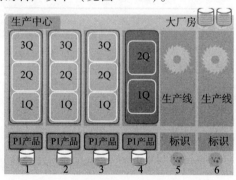

图3-12　生产线完工/转产完工沙盘

2. 申请短期贷款

短期贷款信息见表 3 - 3。

表 3 - 3 短期贷款信息

贷款类型	贷款申请时间	贷款额度	年利息	还款方式
短期贷款	每季度初	长期贷款和短期贷款之和,为上年权益的 3 倍	5%	到期一次还本付息,为 20 的倍数

在电子沙盘中,申请短期贷款界面见图 3 - 13。

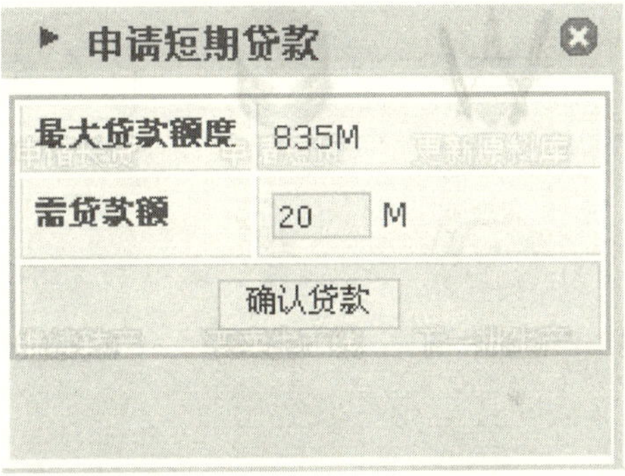

图 3 - 13 申请短期贷款界面

规则说明:

(1) 每季度初只能操作一次,每年可以贷四次;

(2) 申请额为 20 的倍数;

(3) 贷款额度和年利息可由管理员在后台设定,通常将贷款额度设定为"长期贷款和短期贷款之和,为上年权益的 3 倍",年利息设定为 5%;

(4) 短期贷款的额度 = 上年权益的 3 倍 - 已贷的长期贷款和短期贷款之和;

(5) 短期贷款借款期限为一年,到期时还本付息。

在实物沙盘上操作:一般由财务中心拿一个空桶,将写有贷款具体金额的纸条放入空桶内,然后将其放在短期贷款 Q4 的位置，同时将贷款获得的现金放入财务中心的现金库中。

3. 原材料入库/更新原材料订单

生产 P 系列产品的原材料有四种，相关信息见表 3 - 4。

表 3 - 4　原材料信息

原材料名称	购买价格	订货提前期
R1	1M/个	1 季
R2	1M/个	1 季
R3	1M/个	2 季
R4	1M/个	2 季

本季度原材料入库一定要在上季度下相应的原材料订单。下原材料订单时，不需要支付购买价格；原材料入库时，要按原材料价格为 1M/个支付原材料款。原材料不足时，可以紧急采购原材料，付款即到货，但是原材料价格为直接成本的 2 倍。

在电子沙盘中，原材料入库/更新原材料订单界面见图 3 - 14。

图 3 - 14　原材料入库/更新原材料订单界面

规则说明：

（1）只需要确认所有原材料入库的付现金额；

（2）确认后，后面的操作权限才可以开启（下原材料订单到更新应收账款），前面的操作权限相应关闭；

（3）一个季度操作一次。

在实物沙盘上操作：①原材料到货时根据订单的数量放入相应的原材料库中，并从财务中心申请原材料款支付给原材料供应商，按原材料价格为 1M/个支付，将购入的原材料放入原材料库相应的空桶中；②将 R3 和 R4 的订单空桶向上移动到 R3 和 R4 的在途位置来更新 R3 和 R4 订单（见图 3-15）。

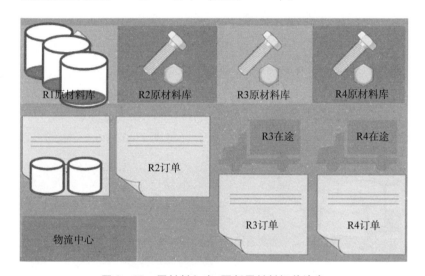

图 3-15　原材料入库/更新原材料订单沙盘

4. 下原材料订单

要注意，购买原材料需要提前订货，R1 和 R2 需要提前一个季度订货，而 R3 和 R4 需要提前两个季度订货，没有提前下订单的原材料不能采购入库，下原材料订单时不需要支付原材料款。

在电子沙盘中，下原材料订单界面见图 3-16。

规则说明：

（1）一个季度只能操作一次；

（2）确认后不可退订；

（3）可以不下订单。

图 3 - 16 下原材料订单界面

在实物沙盘上操作：用空桶表示原材料订货，需要几个订单就拿几个空桶放在相应的订单位置上（见图 3 - 17）。

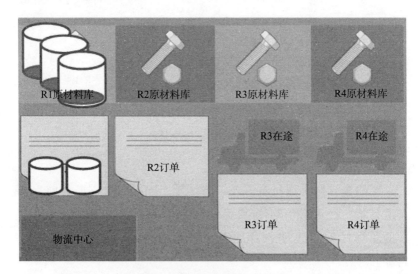

图 3 - 17 下原材料订单沙盘

5. 购买/租用厂房

厂房有大厂房和小厂房可供选择，其中大厂房可以容纳 6 条生产线，小厂房可以容纳 4 条生产线。

厂房信息见表 3 - 5。

表 3 – 5　厂房信息

厂房名称	购买价格	租金	销售价格	容量
大厂房	40M	6M/年	40M	6 条生产线
小厂房	30M	3M/年	30M	4 条生产线

厂房租入后，一年后可做租转买、退租等处理，如果续租，系统会自动处理。

在电子沙盘中，购买/租用新厂房界面见图 3 – 18。

图 3 – 18　购买/租用新厂房界面

规则说明：

（1）厂房可买可租；

（2）最多只可同时使用一大一小两个厂房。

在实物沙盘上操作：①购买厂房时，由规划投资部从财务中心申请购买资金，将购买资金放入厂房价值位置；②租入厂房时，从财务中心申请租金，并将租金放入综合费用的租金栏中（见图 3 – 19）。

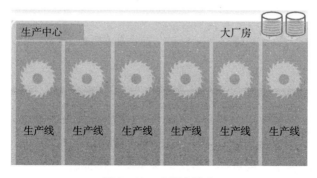

图 3 – 19　大厂房沙盘

6. 新建生产线

目前有手工、半自动、全自动和柔性四种自动化程度依次提高的生产线，它们各自有着不同的优缺点，企业需要根据自己的战略来选择不同的生产线。

生产线信息见表 3 - 6。

表 3 - 6　生产线信息

生产线类型	购置费	安装周期	生产周期	总转产费	转产周期	维修费	残值
手工生产线	5M	无	3 季	0M	无	1M/年	1M
半自动生产线	10M	2 季	2 季	1M	1 季	1M/年	2M
全自动生产线	15M	3 季	1 季	2M	1 季	1M/年	3M
柔性生产线	20M	4 季	1 季	0M	无	1M/年	4M

在电子沙盘中，新建生产线投资界面见图 3 - 20。

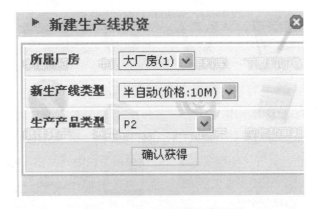

图 3 - 20　新建生产线投资界面

规则说明：

（1）需选择厂房、生产线类型、生产产品类型；

（2）投资新生产线时，按安装周期平均支付投资额，全部投资额到位后的下一季度领取产品标识，并开始生产；

（3）一个季度可操作多次，直至生产位铺满；

（4）资金短缺时，也可以中断投资；

（5）当年建成生产线需要缴纳维修费。

在实物沙盘上操作：①规划投资部从市场买来生产线置于生产中心，对于没有安装周期的手工生产线直接置于生产中心的生产线上，将包含投资额的桶置于设备价值处，并领取产品标识，开始下一季度生产；②对于有安装周期的半自动、全自动和柔性生产线，规划投资部从市场买来生产线以反面置于生产中心，将空桶置于生产线上，每个季度按照安装周期平均进行投资（见图3-21）。

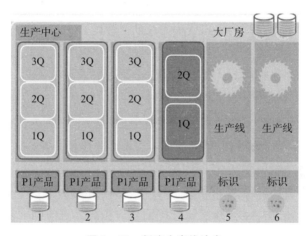

图3-21 新建生产线沙盘

7. 在建生产线

在建生产线信息见表3-7。

表3-7 在建生产线信息

生产线类型	购置费	安装周期	备注
手工生产线	5M	无	购置费需要在安装周期内平均投资在建
半自动生产线	10M	2季	
全自动生产线	15M	3季	
柔性生产线	20M	4季	

在电子沙盘中，在建生产线投资界面见图 3 – 22。

图 3 – 22　在建生产线投资界面

规则说明：

（1）系统自动列出投资未完成的生产线；

（2）复选需要继续投资的生产线；

（3）资金短缺时，可以不选，中断投资生产线；

（4）一个季度只可操作一次。

在实物沙盘上操作：全部投资完成后的下一季度，将生产线翻于正面，将包含投资总额的桶置于设备价值处，开始准备生产。

8. 生产线转产

生产线转产是指生产线从生产一种产品转而生产另一种产品，转产时有的生产线需要一定的转产周期，并支付一定的转产费用。

生产线转产信息见表 3 – 8。

表 3 – 8　生产线转产信息

生产线类型	总转产费	转产周期
手工生产线	0M	无
半自动生产线	2M	2季
全自动生产线	2M	2季
柔性生产线	0M	无

在电子沙盘中，生产线转产界面见图 3 – 23。

图 3 - 23 生产线转产界面

规则说明：

（1）系统自动列出符合转产要求的生产线（已建成但没有生产产品的生产线）；

（2）选择生产线及转产后生产的产品。

在实物沙盘上操作：①对于需要转产的手工生产线和柔性生产线，由于没有转产费用和转产周期，可以直接更换产品标识，下一季度开始转产生产另一种产品；②对于有转产费用和转产周期的半自动、全自动生产线，把原来的产品标识换成将要转产的产品标识，将反面放在生产线的产品标识处，并将从财务中心申请的第一期转产费放入空桶中，将桶放在产品标识的上面。

9. 继续转产

在电子沙盘中，生产线转产投资界面见图 3 - 24。

图 3 - 24 生产线转产投资界面

规则说明：

（1）系统自动列出需要继续转产的生产线；

（2）复选操作；

（3）一个季度只可操作一次；

（4）资金短缺时，可以不选，中断生产线转产。

在实物沙盘上操作：对于继续转产的半自动、全自动生产线，继续从财务中心申请第二期转产费放入置于产品标识上面的桶中，将桶中的总转产费转入综合费用的转产费中，将产品标识反过来置上，等待下一季度开始生产新产品。

10. 变卖生产线

不论何时出售生产线，价格只能按照残值出售，如果生产线净值等于或小于残值，则将净值转化为现金；如果生产线净值大于残值，相当于残值的部分转化为现金，则将净值与残值的差额作为损失处理。

生产线残值信息见表3-9。

表3-9 生产线残值信息

生产线类型	残值
手工生产线	1M
半自动生产线	2M
全自动生产线	3M
柔性生产线	4M

在电子沙盘中，变卖生产线界面见图3-25。

图3-25 变卖生产线界面

规则说明：

（1）系统自动列出可变卖的生产线（已建成的空生产线，转产中生产线也可变卖）；

（2）单选操作；

（3）本操作不是必需步骤，可不进行生产线的变卖；

（4）净值高于残值部分记入当年损失。

在实物沙盘上操作：变卖生产线时，从生产中心撤出生产线，分析生产线设备净值桶中的金额，如果净值小于或等于残值，则将残值放入财务中心的现金库；如果净值大于残值，则将残值放入财务中心的现金库，将净值与残值的差额作为损失，放入综合费用的其他栏中。

11. 开始下一批生产

开始下一批生产就是在空的生产线上按照生产的类型组织进行下一批生产。

P 系列产品信息见表 3 - 10。

表 3 - 10　P 系列产品信息

产品名称	产品组成	加工费	直接成本
P1	R1	1 M	2 M
P2	R2 + R3	1 M	3 M
P3	R1 + R3 + R4	1 M	4 M
P4	R2 + R3 + 2R4	1 M	5 M

在电子沙盘中，开始下一批生产界面见图 3 - 26。

图 3 - 26　开始下一批生产界面

规则说明：

（1）系统自动列出可以进行生产的生产线；

（2）系统自动检测原料、生产资格、加工费等是否满足开工生产的条件。

在实物沙盘上操作：拿一个空桶，从原材料库中取出所需的原材料放入空桶，从财务中心取出加工费1M也放入空桶，然后将空桶放在生产线上的1Q中开始下一批生产（见图3-27）。

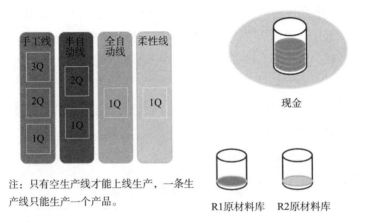

注：只有空生产线才能上线生产，一条生产线只能生产一个产品。

图3-27　开始下一批生产沙盘

12. 应收账款更新

应收账款就是企业销售产品应获得的现金。

在电子沙盘中，应收账款更新界面见图3-28。

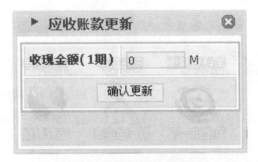

图3-28　应收账款更新界面

规则说明：

（1）需要填入可收现金额，即 1 期应收账款，多填不允许操作，少填则填入实际收现金额，少收部分转入下一期应收；

（2）此步骤操作完成后，前面的操作权限将关闭，然后开启后面的按订单交货、产品研发、厂房处理等权限；

（3）此步骤是必需的，无论是否有应收账款的更新，必须进行该步骤。

在实物沙盘上操作：将财务中心应收账款的桶向左移动一期，如果是一期的应收账款，则直接将应收账款移动到现金库中（见图 3 - 29）。

图 3 - 29　应收账款更新沙盘

13. 按订单交货

在电子沙盘中，按订单交货界面见图 3 - 30。

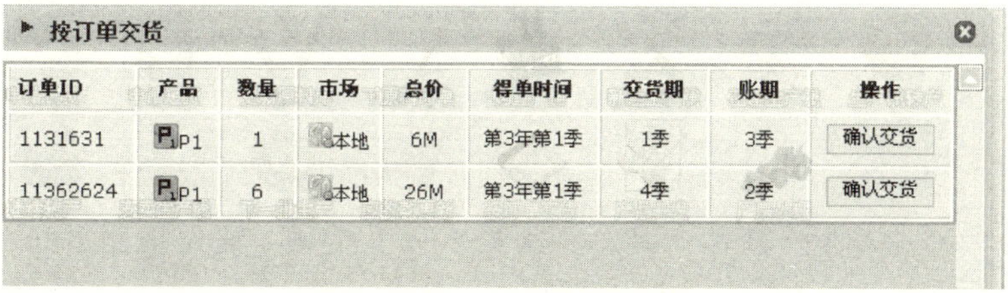

订单ID	产品	数量	市场	总价	得单时间	交货期	账期	操作
1131631	P1	1	本地	6M	第3年第1季	1季	3季	确认交货
11362624	P1	6	本地	26M	第3年第1季	4季	2季	确认交货

图 3 - 30　按订单交货界面

规则说明：

（1）系统自动列出当年未交订单；

（2）自动检测成品库存是否足够，以及交单时间是否延后；

（3）确认交单后系统自动增加应收账款或现金；

（4）订单违约扣除违约款，记入损失，并收回订单。

在实物沙盘上操作：根据订单将成品库中的成品交给客户，同时将取得的应收账款根据其账期放入财务中心应收账款相应位置处；如果是现售，则将取得的现金直接放在现金处（见图3－31）。

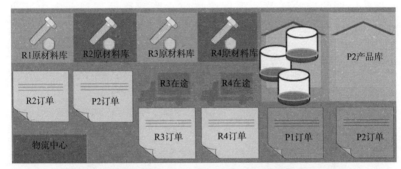

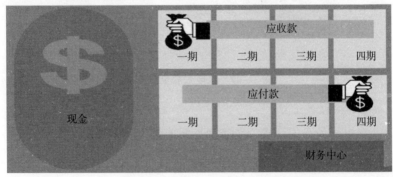

图3－31　按订单交货沙盘

14. 产品研发

企业要生产新的产品，必须投入研发费用。研发费用在每季度投入一次，资金紧张时可以停止投资。只有新产品研发完成，企业在下一季度才可以投入生产该产品。

产品研发信息见表 3 – 11。

表 3 – 11　产品研发信息

产品名称	开发费用	开发周期
P1	1M/季	2 季
P2	1M/季	4 季
P3	1M/季	6 季
P4	2M/季	6 季

在电子沙盘中，产品研发投资界面见图 3 – 32。

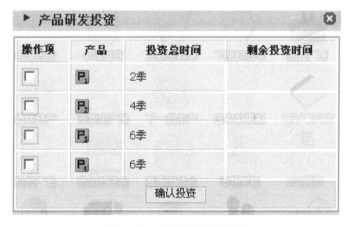

图 3 – 32　产品研发投资界面

规则说明：

（1）可以同时研发多种产品，一个季度只允许研发一次，资金紧张时也可以暂停研发；

（2）当季结束时，系统会自动检测研发是否完成。

在实物沙盘上操作：研发某种新产品，从财务中心申请研发费，放入相应产品的生产资格栏桶中，等到产品研发投资完成，领取生产资格证放置到相应产品的生产资格栏中，并将桶中的金额放入综合费用的产品研发栏中（见图 3 – 33）。

图 3 - 33 产品研发及生产资格沙盘

15. 厂房处理

企业在经营过程中，可以购买或租用厂房。购买或租用的厂房由于资金等问题还可以进行各种处理，如将购买的厂房卖出、原来租用的厂房退租，厂房还可以由购买转为租用或者由租用转为购买。

厂房信息见表 3 - 12。

表 3 - 12 厂房信息

厂房名称	购买价格	租金	销售价格	备注
大厂房	40M	6M/年	40M	厂房出售得到 4 个账期的应收账款，紧急情况下可将应收账款贴现，直接得到现金
小厂房	30M	3M/年	30M	

在电子沙盘中，厂房处理界面见图 3 - 14。

图 3 - 34 厂房处理界面

规则说明：

（1）如果拥有的厂房中无生产线，则可卖出，增加 4 个账期的应收账款；

（2）如果拥有的厂房中有生产线，则卖出后可增加4个账期的应收账款，将厂房自动转为租用，并扣当年租金，记下租入时间；

（3）租入厂房距离上次付租金满一年时，如果厂房中有生产线，则可以选择"租转买"，扣购买的现金；如果无生产线，则可以续租、购买，也可以退租；

（4）距离上次付租金满一年，当季结束自动扣租金。

在实物沙盘上操作：如果将无生产线的厂房卖出，则将放在生产中心厂房价值处的金额放入应收账款四期的位置处；如果对有生产线的厂房做买转租处理，则将放在生产中心厂房价值处的金额放入应收账款四期的位置处，同时从财务中心申请租金放入综合费用的租金栏中；对于原来租用的厂房，距离上次付租金满一年后可以做续租、退租处理，也可以做"租转买"处理。续租处理就是继续扣除租金；退租处理就是不再扣除租金；而"租转买"处理就是从财务中心申请购买资金并放入厂房价值处（见图3-35）。

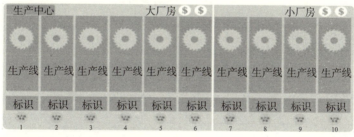
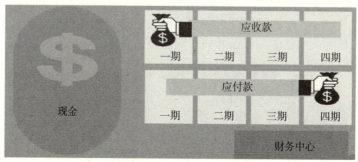

图3-35　厂房处理沙盘

16. 市场开拓

P 系列产品的销售市场包括本地、区域、国内、亚洲和国际市场（见图 3－36）。根据企业的产品生产和销售战略，不同的企业开拓不同的销售市场。不同市场的产品需求变化和销售价格是不同的，所以开拓不同市场所需要的时间和费用也是不同的。

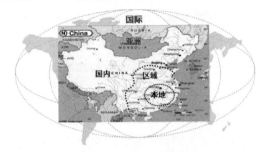

图 3－36 产品销售市场

市场开发信息见表 3－13。

表 3－13 市场开发信息

市场	开发费用	开发周期	备注
本地	1M/年	1 年	开发费用按开发时间在年末平均支付，不允许加速投资。 市场开发完成后，领取相应的市场准入证
区域	1M/年	1 年	
国内	1M/年	2 年	
亚洲	1M/年	3 年	
国际	1M/年	4 年	

在电子沙盘中，市场开拓投资界面见图 3－37。

市场开拓投资

操作项	市场名称	投资总时间	剩余投资时间
☐	国际	1年	

确认投资

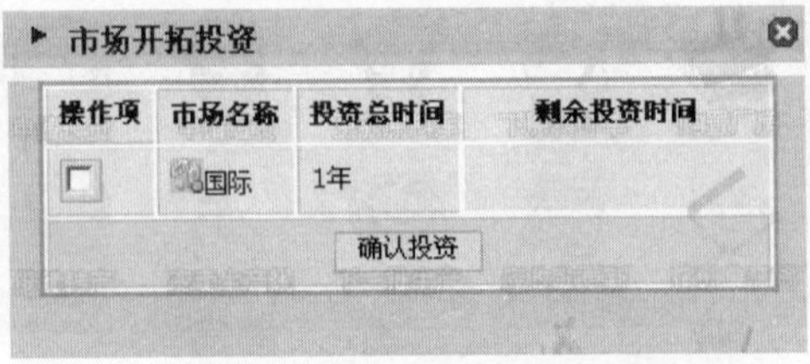

图 3－37 市场开拓投资界面

规则说明：

（1）可以一次开发多个市场；

（2）只有第四季度才可以进行本操作；

（3）第四季度结束后系统自动检测市场开拓是否完成。

在实物沙盘上操作：进行新市场的开拓时，从财务中心申请市场开发费用，放入相应的市场准入桶中，等到市场开拓完成后，领取相应的市场准入证放置到市场准入栏中，并将桶中的金额放入综合费用的市场开拓栏中（见图3-38）。

图3-38 市场开拓沙盘

17. ISO 认证投资

在产品销售时，有些客户对产品有 ISO 资格认证要求，所以企业要根据自己的发展战略，进行 ISO 资格认证投资。

ISO 认证投资信息见表3-14。

表3-14 ISO 认证投资信息

资格	时间	费用	备注
ISO 9000	2 年	1M/年	平均支付，认证完成后可以领取相应的资格证，也可以中断投资
ISO 14000	2 年	2M/年	

在电子沙盘中，ISO 认证投资界面见图3-39。

规则说明：

（1）可以分别或同时进行 ISO 9000 和 ISO 140000 认证投资，也可以暂停投资；

图 3 - 39　ISO 认证投资界面

（2）只有第四季度可操作；

（3）第四季度结束后系统自动检测认证是否完成。

在实物沙盘上操作：进行 ISO 9000 和 ISO 140000 认证投资时，从财务中心申请认证费用，放入相应的认证资格桶中，等到认证完成后，领取相应的认证资格证放置到认证资格栏中，并将桶中的金额放入综合费用的 ISO 认证栏中（见图 3 - 40）。

图 3 - 40　ISO 认证投资沙盘

（三）企业在特殊情况下的运营活动

1. 紧急采购

如果原材料不能及时到库影响生产或者产品不能及时下线影响交货，那么企业可以根据需要随时进行紧急采购。紧急采购时原材料和产品价格高于正常价格。原材料和产品的具体价格由管理员在后台设定。采购后立即扣款到货，高于正常价格的部分计入利润表的损失中。

在电子沙盘中，紧急采购界面见图 3 - 41。

图 3 - 41 紧急采购界面

规则说明：

（1）紧急采购可以在任意时间进行；

（2）可以同时紧急采购多种原材料和产品。

在实物沙盘上操作：从财务中心申请紧急采购的资金，到市场上去采购，将紧急采购回来的原材料和产品分别放入相应的原材料库和产品库中（见图 3 - 42）。

图 3 - 42 紧急采购沙盘

2. 厂房贴现

如果企业在运营过程中资金流发生困难，则可以随时将厂房变卖并进行贴现，获得资金。如果厂房内无生产线，则贴现额等于厂房卖出价进行四个季度的贴现；如果厂房内有生产线，则贴现额等于卖出价进行四个季度贴现后再扣除租金。

厂房信息见表 3 – 15。

表 3 – 15 厂房信息

厂房名称	租金	销售价格	备注
大厂房	6M/年	40M	厂房贴现就是将获得的 4 个账期的应收账款进行贴现，直接得到现金
小厂房	3M/年	30M	

在电子沙盘中，厂房贴现界面见图 3 – 43。

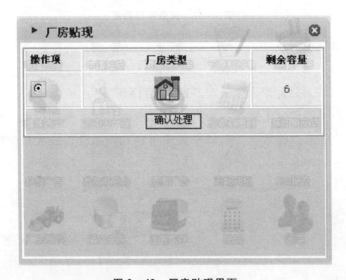

图 3 – 43 厂房贴现界面

规则说明：

厂房贴现时只能全部贴现，不允许部分贴现。

在实物沙盘上操作：如果厂房内无生产线，进行厂房贴现时，则将放在生产中心厂房价值处的金额扣除贴现额后的现金额放入财务中心的现金处，将贴现额放入综合费用的其他栏中；如果厂房内有生产线，进行厂房贴现时，则将放在生产中心厂房价值处的金额扣除贴现额和本期租金后的现金额放入财务中心的现金处，同时将贴现额放入综合费用的其他栏中，并将租金放入综合费用的租金栏中（见图3－44）。

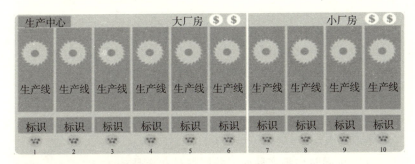

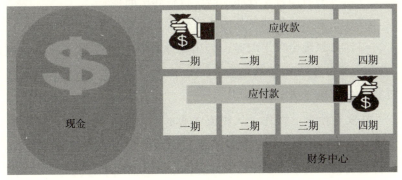

图3－44　厂房贴现沙盘

3. 出售库存

如果企业在运营过程中现金流发生困难，还可以随时出售库存，获得现金。出售原材料获得的现金＝原材料成本×折价率，出售产品获得的现金＝产品成本×折价率，折价率由管理员在后台设定。折价部分记入利润表损失。

在电子沙盘中，出售库存界面见图3－45。

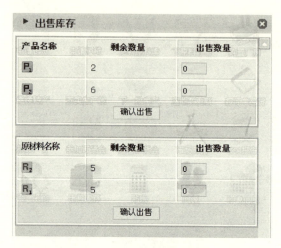

图 3 – 45   出售库存界面

规则说明：

（1）可同时出售多种库存的原材料和产品；

（2）出售原材料和产品的价格按成本×折价率；

（3）所取现金向下取整。如出售原材料折价率为 90%，出售 1 个原材料，则获得的现金为 1×90% = 0.9（M），向下取整，获得的现金为 0。

在实物沙盘上操作：从物流中心的原材料库或产品库中取出原材料或产品出售，出售后获得的现金放入财务中心的现金库中，获得的现金与成本的差额放入综合费用的其他栏中（见图 3 – 46）。

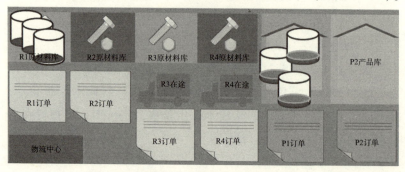

图 3 – 46   出售库存沙盘

4. 贴现

如果企业在运营过程中现金流发生困难，还可以随时将应收账款进行贴现，获得现金。贴现所得的现金 = 贴现的应收账款额 × (1 - 贴现率)，贴现期不同，贴现率也不同。

应收账款剩余期限见表 3 - 16。

表 3 - 16 应收账款剩余期限

应收账款剩余期限	贴现息
1 ~ 2 季	1/10
3 ~ 4 季	1/8

在电子沙盘中，应收账款贴现界面见图 3 - 47。

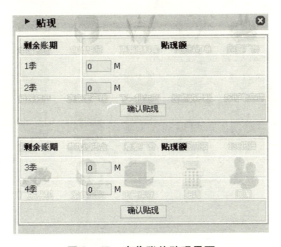

图 3 - 47 应收账款贴现界面

规则说明：

（1）因 1 ~ 2 季与 3 ~ 4 季的贴现率不同而分开贴现，贴现率由管理员在后台设定，一般 1 ~ 2 季的贴现率设定为 1/10，3 ~ 4 季的贴现率设定为 1/8；

（2）贴现次数不限；

（3）贴现费用向上取整；

（4）填入贴现额需小于或等于应收账款。

在实物沙盘上操作：将要贴现的应收账款金额扣除贴现息后的现金放入现金库中，扣除的贴现息放入综合费用的其他栏中（见图3－48）。

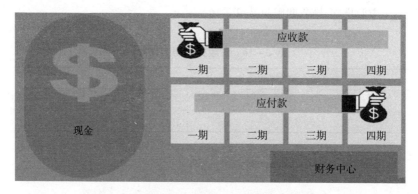

图3－48　应收账款贴现沙盘

（四）企业运营信息的查询

1. 商业间谍

企业如果想了解竞争对手的厂房、生产线、市场开拓、ISO认证、产品开发等情况，可以通过商业间谍购买信息。

在电子沙盘中，购买企业信息界面见图3－49。

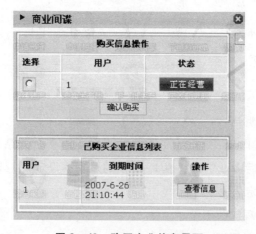

图3－49　购买企业信息界面

规则说明：

（1）任意时间均可操作；

（2）可查看任意一家企业的信息，查看总时间为 20 分钟；

（3）费用由管理员在后台设定。

在实物沙盘上操作：从财务中心申请购买信息的资金，将资金放入综合费用的其他栏中（见图 3 – 50）。

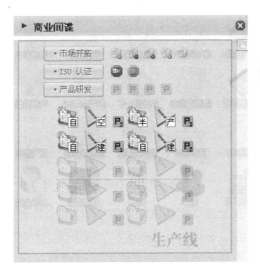

图 3 – 50 查看企业信息界面

2. 查询订单信息

企业可以随时查看自己的所有订单信息及状态。

在电子沙盘中，查询订单信息界面见图 3 – 51。

ID	订单ID	产品	数量	市场	总价	状态	得单时间	交货期	账期	交货时间
2	133	P1 P1	1	本地	6M	违约	第3年第1季	1季	3季	
1	144	P1 P1	6	本地	26M	违约	第3年第1季	4季	2季	

页次:1/1页 共2条 10条/页　　　　【首页】【上页】【下页】【末页】转到第 1 页 GO!

图 3 – 51 查询订单信息界面

（五）当季结束

每个季度经营完成需要进行当季结束确认。季度结束时，会进行以下操作：①支付本季度的办公费、人员工资等管理费用；②支付到本季度为止租用一年的租金；③检测本季度产品研发完成情况。

在电子沙盘中，当季结束界面见图3－52。

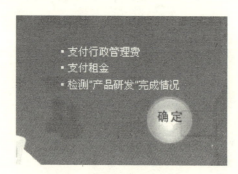

图3－52　当季结束界面

在实物沙盘上操作：①支付行政管理费（每季度管理费具体金额由管理员在后台设定），从财务中心申请1M资金，将资金放入综合费用的管理费栏中；②如果厂房租用期限到本季度为止满一年，则需要支付租金，支付租金从财务中心申请，将租金放入综合费用的租金栏中；③检测产品研发情况，如果产品研发完成，则领取相应的生产资格证放置到生产资格栏中，并将桶中的金额放入综合费用的产品研发栏中，下一季度就可以生产完成新研发的产品（见图3－53）。

（六）当年结束

第四季度经营结束时，需要进行当年结束的控制操作，以确认当年经营的完成。在当年结束时，除了完成季度结束应完成的任务外，还需要完成以下任务。①检测新市场开拓、ISO资格认证投资完成情况。如果新市场开拓完成，那么下年就可以在该市场投放广告，并将产品销售到该市场；如果ISO资格认证完成，那么

图 3-53 当季结束实物沙盘

下年就可以争取带有 ISO 认证资格的订单，获得更高的收益。②支付设备维护费。年末，只要有生产线，无论是否生产，都应支付设备维护费（尚未建成的生产线不支付维护费）。③计提折旧。每年年末对生产线按平均年限法计提一次折旧，厂房不计提折旧。④不能按期交货的，年末要扣除违约款。⑤在后台自动生成资产负债表、利润表和现金流量表。

在电子沙盘中，当年结束界面见图 3-54。

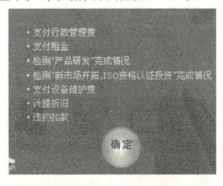

图 3-54 当年结束界面

生产线年折旧额见表 3 – 17。

表 3 – 17　生产线年折旧额

生产线	购置费	残值	建成第一年折旧额	建成第二年折旧额	建成第三年折旧额	建成第四年折旧额	建成第五年折旧额
手工生产线	5M	1M	0	1M	1M	1M	1M
半自动生产线	10M	2M	0	2M	2M	2M	2M
全自动生产线	15M	3M	0	3M	3M	3M	3M
柔性生产线	20M	4M	0	4M	4M	4M	4M

在实物沙盘上操作：①检测新市场开拓、ISO 资格认证投资完成情况，如果新市场开拓完成，则领取相应的市场准入证放置到市场准入栏中，并将桶中的金额放入综合费用的市场开拓栏中；如果 ISO 资格认证完成，则领取相应的 ISO 资格证放置到 ISO 资格栏中，并将桶中的金额放入综合费用的 ISO 资格认证栏中；②根据年末生产线数量，按照1M/条支付设备维护费，放入综合费用的维护费栏中；③按照生产线年折旧表计提折旧，折旧时从生产线中的净值处拿出该年应计提的折旧额，并将其放入折旧栏中；④对于当年违约的订单，按照订单的 20% 扣除违约金，并从财务中心现金库中支出，放入综合费用的其他栏中（见图 3 – 55）。

图 3 – 55　完成新市场开拓和 ISO 资格认证沙盘

（七）经营结果

各企业当年经营完成，系统会自动根据评分标准对各企业当年的经营结果进行评分，并按照评分结果进行排名。企业的综合评估根据企业财务状况（资产负债表）和经营成果（利润表）来确定，以企业最终获得的权益为基数计算。评分＝所有者权益×（1＋权重系数），权重系数主要与企业的生产能力和拥有的资产以及产品研发水平、市场状况、认证资格等有关，权重系数由表3－18中各项得分之和÷100得到。按照评分的高低，得出经营成果排名。

表 3 – 18　企业经营综合评分表

项目	各项得分	权重系数	经营成果评分
手工生产线	5 分/每条		
半自动生产线	7 分/每条		
全自动/柔性生产线	10 分/每条		
区域市场开发	10 分		
国内市场开发	10 分		
亚洲市场开发	10 分	各项得分之和	企业所有者权益×
国际市场开发	10 分	÷100	（1＋权重系数）
ISO 9000	10 分		
ISO 14000	10 分		
P1 产品开发	10 分		
P2 产品开发	10 分		
P3 产品开发	10 分		
P4 产品开发	10 分		

规则说明：

（1）企业的生产线，至少要生产出一个产品才能获得加分；

（2）各种资格只有在开发工作全部完成后，才能获得加分；

（3）在企业经营规则中，可以根据需要对不按规则或者不能按时完成运营的企业进行扣分处罚，如不能及时提交报表或提交的报表有误、不能按时投放广告等，可以进行扣分处罚。

在对经营结果进行评估时，有以下两种情况之一的企业，将不能参加最后的评比：①评比年份权益为零或负数的企业（破产企业）；②在运行过程中股东进行过增资，即评比年份的股东资本与第一年的股东资本不一致的企业。

（八）提交年度财务报告

企业年度经营完成后，在系统后台教师端自动生成年度现金流量表、资产负债表和利润表。每组学生需要提交自己编写的现金流量表、综合费用表、利润表和资产负债表（见表 3 - 19 至表 3 - 22），与系统自动生成的报表进行核对。

表 3 - 19　企业经营记录表（现金流量表）

用户_____　　　　　第___年经营

操作顺序	企业经营流程	每执行完一项操作，由 CEO 在相应的方格内打钩				
	实物沙盘手工操作流程	电子沙盘系统操作流程	手工记录			
年初	新年度规划会议					
	广告投放	输入广告费并确认				
	支付所得税（25%）	系统自动				
	支付长期贷款利息	系统自动				
	更新长期贷款/长期贷款还款	系统自动				
	参加订货会	选单				
	申请长期贷款	输入贷款数额并确认				
1	季初盘点（请填余额）	产品下线，生产线完工（自动）				
2	更新短期贷款/短期贷款还本付息	系统自动				
3	申请短期贷款	输入贷款数额并确认				
4	原材料入库/更新原材料订单	需要确认金额				

续表

操作 顺序	企业经营流程	每执行完一项操作，由 CEO 在相应的方格内打钩			
	实物沙盘手工操作流程	电子沙盘系统操作流程	手工记录		
5	下原材料订单	输入并确认			
6	购买/租用厂房	选择并确认，自动扣现金			
7	更新生产/完工入库	系统自动			
8	新建/在建/转产/变卖生产线	选择并确认			
9	紧急采购（随时进行）	随时进行输入并确认			
10	开始下一批生产	选择并确认			
11	更新应收账款/应收账款收现	需要输入到期金额			
12	按订单交货	选择交货订单确认			
13	产品研发投资	选择并确认			
14	厂房出售（买转租/退租/租转买）	选择确认，自动转应收账款			
15	新市场开拓/ISO 资格认证	仅第四季度允许操作			
16	支付管理费/更新厂房租金	系统自动			
17	出售库存	输入并确认（随时进行）			
18	厂房贴现	随时进行			
19	应收账款贴现	输入并确认（随时进行）			
20	季末收入合计				
21	季末支出合计				
22	季末数额对账 [（1）+（20）-（21）]				
年末	缴纳违约订单罚款（20%）	系统自动			
	支付设备维护费	系统自动			
	计提折旧	系统自动			（ ）
	结账				

注：年末计提折旧时，与现金流无关，因此在表中标注（ ）以示区别。

CEO 签字：

表 3 - 20　综合费用表

项目	金额
管理费	
广告费	
设备维护费	
损失	
转产费	
厂房租金	
新市场开拓费	
ISO 资格认证费	
产品研发费	
其他	
合计	

表 3 - 21　利润表

项目	金额
销售收入	
销售成本	
毛利	
综合费用	
折旧前利润	
折旧	
支付利息前利润	
财务费用	
税前利润	
所得税	
年度净利润	

表 3 - 22　资产负债表

项目	金额	项目	金额
货币资金		长期负债	
应收账款		短期负债	
在制品		应缴所得税	
产成品		—	—
原材料		—	—
流动资产合计		负债合计	
厂房		股东资本	
生产线		利润留存	
在建工程		年度净利润	
固定资产合计		所有者权益合计	
资产总计		负债和所有者权益总计	

注：库存折价出售、生产线变卖、紧急采购、订单违约记入损失。

财务总监签字：　　　　　　　　　　　　　　　　　　　　CEO 签字：

（九）破产检测

出现以下两种情况时，宣布破产并退出系统：一是广告投放完毕、当季（年）开始、当季（年）结束、更新原材料库时，系统自动检测已有现金加上最大贴现和出售所有库存及厂房贴现是否足够支付，如果不够，则破产退出系统；二是当年结束，若权益为负，则破产退出系统。

（十）提交下年经营预算表

经营预算是企业经营中非常重要的一个环节，只有做好预算，企业的经营才能在掌控之中，从而避免企业出现资金断流或者所有者权益为零或负导致破产的结局。在下年企业开始经营前，每个企业的 CEO 需要带领全体人员进行经营预算，并填写和提交经营预算表（见表 3-23 和表 3-24）。

表 3-23　现金预算表

项目	第一季度	第二季度	第三季度	第四季度
期初库存现金				
广告投放				
支付上年应缴税				
支付长期贷款利息				
支付到期的长期贷款				
申请长期贷款				
支付短期贷款本息				
申请短期贷款				
原材料采购支付现金				
购买/租用厂房费用				
新建/在建/转产/变卖生产线				
紧急采购				
开始下一批生产				
应收账款到期收现				
按订单交货收现				
产品研发投资				
厂房出售/退租/租转买				

项目	第一季度	第二季度	第三季度	第四季度
支付管理费用				
支付租金				
出售库存				
厂房贴现				
应收账款贴现				
违约扣款				
设备维护费用				
市场开拓投资				
ISO 认证投资				
其他				
季末库存现金余额				

财务总监签字：   CEO 签字：

表 3 – 24　预计综合费用表和预计利润表

项目	第一年	第二年	第三年	第四年	第五年	第六年
管理费						
广告费						
设备维护费						
损失						
转产费						
厂房租金						
新市场开拓费						
ISO 资格认证费						
产品研发费						
其他						
综合费用合计						
项目	第一年	第二年	第三年	第四年	第五年	第六年
销售收入						
销售成本						

续表

项目	第一年	第二年	第三年	第四年	第五年	第六年
毛利						
综合费用						
折旧前利润						
折旧						
支付利息前利润						
财务费用						
税前利润						
所得税						
年度净利润						
项目	第一年	第二年	第三年	第四年	第五年	第六年
股东资本						
利润留存						
年度净利润						
所有者权益合计						

财务总监签字： CEO 签字：

第四章　模拟企业运营决策

一　市场和产品决策

市场是企业生存的根本，正确分析市场对不同产品需求量的变化和不同产品价格的波动以及竞争对手的市场战略等是企业运营的基础。

根据六个企业（小组）参与竞争发布的市场预测图，可以进行市场需求量分析（见表 4 - 1）。

表 4 - 1　市场需求量分析预测表

市场	产品	第一年	第二年	第三年	第四年	第五年	第六年
本地市场	P1	22	20	18	15	11	8
	P2	0	8	14	16	15	14
	P3	0	5	7	8	12	17
	P4	0	0	0	5	8	11
区域市场	P1	9	7	6	5	5	4
	P2	7	10	11	11	13	8
	P3	0	3	6	8	9	10
	P4	0	0	4	5	6	9

续表

市场	产品	第一年	第二年	第三年	第四年	第五年	第六年
国内市场	P1	12	13	14	13	10	8
	P2	6	9	12	12	11	11
	P3	1	3	5	7	9	10
	P4	0	0	0	0	4	7
亚洲市场	P1	12	13	16	15	12	9
	P2	5	7	14	13	11	11
	P3	2	3	6	8	9	11
	P4	0	0	0	0	5	6
国际市场	P1	14	16	15	14	18	19
	P2	2	3	2	4	9	11
	P3	1	1	2	2	4	7
	P4	0	0	0	0	0	5
总计	P1	69	69	69	62	56	48
	P2	20	37	53	56	59	55
	P3	4	15	26	33	43	55
	P4	0	0	4	10	23	38
平均	P1	11.5	11.5	11.5	10.3	9.3	8.0
	P2	3.3	6.2	8.8	9.3	9.8	9.2
	P3	0.7	2.5	4.3	5.5	7.2	9.2
	P4	0	0	0.7	1.7	3.8	6.3

营销总监签字：

　　根据市场需求量分析预测表，可以得出每年 P 系列产品在不同市场的总需求量和平均需求量。一般来说，市场前期对各类产品的需求量较小，各企业平均销售的数量太少，如果生产数量太多，将会造成较大库存量，导致企业很难运营，各企业间的竞争将变成销售的竞争。而市场后期对各类产品的需求量增大，所以前几年应该缓慢投资，后期可以加快投资步伐。P1 产品在第一年和第二年的需求量较高；P2 产品在第三年逐渐达到销售高峰；P3

产品从第二年开始维持在一个较高的需求量上；P4 产品市场需求量较小，而且前几年没有市场。企业要根据产品需求量来决定产品的研发时间和生产量。

另外，企业可根据发布的市场预测图来分析产品的平均价格，根据产品价格分析每种产品的毛利，从而找出最适合生产的产品（见表 4 - 2）。

表 4 - 2　产品价格分析表

市场	产品	第一年	第二年	第三年	第四年	第五年	第六年	平均
本地市场	P1	5.5	5.0	4.5	4.2	4.0	3.8	4.5
	P2	0	6.5	8.0	8.0	7.5	6.5	7.3
	P3	0	7.0	8.5	9.0	8.5	8.0	8.2
	P4	0	0	0	9.0	9.0	9.5	9.2
区域市场	P1	5.0	4.5	5.0	4.5	4.5	4.5	4.7
	P2	6.5	7.0	8.0	7.5	6.5	6.2	7.0
	P3	0	7.5	8.0	8.5	8.5	8.2	8.1
	P4	0	0	8.5	9.0	9.0	9.0	8.9
国内市场	P1	5.0	5.0	5.0	4.2	4.2	4.0	4.6
	P2	8.0	8.0	8.0	8.0	7.0	6.0	7.5
	P3	8.0	8.0	8.0	8.0	8.2	8.5	8.1
	P4	0	0	0	0	8.5	9.0	8.8
亚洲市场	P1	4.5	4.5	4.5	4.2	4.0	3.0	4.1
	P2	7.0	7.0	7.0	6.5	6.5	7.0	6.8
	P3	7.8	7.8	7.8	8.5	9.0	9.0	8.3
	P4	0	0	0	0	9.5	10.5	10.0
国际市场	P1	5.0	5.0	5.0	5.5	5.8	6.0	5.4
	P2	7.5	7.5	7.5	7.0	7.0	7.5	7.3
	P3	8.0	8.0	8.0	8.0	7.5	8.2	8.0
	P4	0	0	0	0	0	9.0	9.0

营销总监签字：

每种产品都需要进行研发。根据一般的经验，P1 和 P2 都是在第一年完成研发，第二年开始就能生产，P3 和 P4 的研发是产品研发决策的重点，决策时既要进行市场需求预测和产品价格分析，也要考虑企业的财务状况和市场的竞争情况。P1 和 P2 是企业前期发展的基础，P3 和 P4 是 P1 和 P2 的更新换代产品，价格高，市场需求量是逐步增加的，但是 P3 和 P4 研发的时间长，成本高。一般企业的产品组合通常为 P1、P2、P3，P1、P2、P4 或者 P1、P3、P4 等几种产品的组合，很少只有一种产品或者开发全部产品。

另外，对于 ISO 认证开发，企业一般根据市场预测情况进行分析。一般来说，随着时间的推移，市场对认证的要求会更高，企业在资金允许的条件下，可以提前开发。开发过程中如果资金发生困难，可以暂停开发。

二 市场地位决策

在经营中，市场领导者被称为市场"老大"。成为市场"老大"有许多优势，主要如下。①可以节约广告费。市场"老大"可以优先选单，用少量的广告费就能争取更多的订单，实现更多的销售。②市场"老大"可以保证实现销售，并且常能选取最理想的订单。

争取市场"老大"的地位，可以通过两种方式：一是通过投放更多的广告，获取优先选单的机会，选取销售额大的订单，获得市场"老大"的地位；二是通过新产品抢先占领市场，通过新产品的抢先销售，更容易获得市场"老大"的地位。

另外，争取到了市场"老大"的地位，还要注意企业的产能能否得到保证。否则，如果违约，不仅要被处以罚款，而且还会失去市场"老大"的地位。

三 企业发展规划

根据市场和产品决策，要对企业未来在产品研发、生产线建设、市场开拓和 ISO 认证等方面有一个基本的发展规划。第一年是企业的起步阶段，要注重企业的投资，包括厂房、生产线、市场开拓、产品研发、ISO 认证等，还要注意权益的控制以及长期贷款和短期贷款的配合。第二年是企业的初期扩张阶段，要继续追加各项投资。第三年是决定企业生死存亡的关键一年，要特别注意现金流不能断流。要做好资金预算，还要控制权益，一定不能使权益下降为负值。如果有风险，要削减费用，如产品研发费、市场开拓费、ISO 认证费等。第四年是"柳暗花明"的一年，市场变好，资金压力也得到了缓解，此时的重点要放在生产线的扩张上，为后两年销售腾飞打好基础。另外，要注意控制各项费用。第五年要继续扩张，参与激烈的市场竞争。第六年要注意将生产的产品全部实现销售，还要注意评分规则，争取取得好的经营成绩。

表 4 - 3 为某企业的发展规划表，研发的产品为 P2 和 P3；生产线为 3 条全自动生产线和 1 条柔性生产线；市场开拓包括本地、区域、国内、亚洲和国际市场；ISO 认证包括 ISO 9000 和 ISO 14000。

表 4 - 3　企业发展规划表

时间　　项目		研发产品		生产线在建				市场开拓					ISO 认证	
		P2	P3	柔性	全自动	全自动	全自动	本地	区域	国内	亚洲	国际	ISO 9000	ISO 14000
第一年	第一季度	开发	开发	安装	安装	安装	安装							
	第二季度	开发	开发	安装	安装	安装	安装							
	第三季度	开发	开发	安装	安装	安装	安装							
	第四季度	开发	开发	安装	可用	可用	可用	资格	开发	开发	开发	开发	资格	开发
第二年	第一季度	资格	开发	可用	P2	P2	P2							

续表

时间	项目	研发产品		生产线在建				市场开拓					ISO 认证	
		P2	P3	柔性	全自动	全自动	全自动	本地	区域	国内	亚洲	国际	ISO 9000	ISO 14000
第二年	第二季度		开发	P2	P2	P2	P2							
	第三季度		资格	P2	P2	P2	P2							
	第四季度			P3	转产	P2	P2	资格	开发	开发	开发			资格
第三年	第一季度			P3	P3	P2	P2							
	第二季度			P3	P3	P2	P2							
	第三季度			P3	P3	P2	P2							
	第四季度			P3	P3	P2	P2		资格	开发	开发			
第四年	第一季度			P3	P3	P2	P2							
	第二季度			P3	P3	P2	P2							
	第三季度			P3	P3	P2	P2							
	第四季度			P3	P3	P2	P2			资格	开发			
第五年	第一季度			P3	P3	P2	P2							
	第二季度			P3	P3	P2	P2							
	第三季度			P3	P3	P2	P2							
	第四季度			P3	P3	P2	P2				资格			

续表

时间＼项目		研发产品		生产线在建				市场开拓					ISO 认证	
		P2	P3	柔性	全自动	全自动	全自动	本地	区域	国内	亚洲	国际	ISO 9000	ISO 14000
第六年	第一季度			P3	P3	P2	P2							
	第二季度			P3	P3	P2	P2							
	第三季度			P3	P3	P2	P2							
	第四季度													

CEO 签字：

四 生产决策

企业按照发展规划进行生产决策，确定生产线规划和生产计划。

1. 生产线规划

生产线有手工、半自动、全自动和柔性生产线四种类型，各种生产线有不同的特点。一般来说，可以根据生产线的投资回收期来分析决策生产线的投资（见表4-4），投资回收期的计算公式为：

$$投资回收期 = 投资额 / 每年的净现金流量$$

表4-4 投资回收期决策

生产线类型	产品	投资额		每年的净现金流量（毛利 - 维修费 - 利息）						投资回收期（年）
		购买价格（M）	安装费（M）	产出数量（个/年）	预计单价（M）	单位成本（M）	毛利（M）	维修费（M）	利息（按短期借款利率）（M）	
手工生产线	P1	5	0	1	4	2	2	1	0.25	6.67
半自动生产线		10	0.5	2	4	2	4	1	0.5	4.50

续表

生产线类型	产品	投资额		每年的净现金流量（毛利－维修费－利息）							投资回收期（年）
		购买价格（M）	安装费（M）	产出数量（个/年）	预计单价（M）	单位成本（M）	毛利（M）	维修费（M）	利息（按短期借款利率）（M）		
全自动生产线	P1	15	0.75	4	4	2	8	1	0.75		2.52
柔性生产线		20	1	4	4	2	8	1	1.0		3.50
手工生产线	P2	5	0	1	7	3	4	1	0.25		1.82
半自动生产线		10	0.5	2	7	3	8	1	0.5		1.62
全自动生产线		15	0.75	4	7	3	16	1	0.75		1.11
柔性生产线		20	1	4	7	3	16	1	1.0		1.50
手工生产线	P3	5	0	1	8	4	4	1	0.25		1.82
半自动生产线		10	0.5	2	8	4	8	1	0.5		1.62
全自动生产线		15	0.75	4	8	4	16	1	0.75		1.11
柔性生产线		20	1	4	8	4	16	1	1.0		1.50
手工生产线	P4	5	0	1	9.5	5	4.5	1	0.25		1.54
半自动生产线		10	0.5	2	9.5	5	9	1	0.5		1.40
全自动生产线		15	0.75	4	9.5	5	18	1	0.75		0.97
柔性生产线		20	1	4	9.5	5	18	1	1.0		1.31

　　从表4-4可以看出，不同生产线生产不同产品的投资回收期是不同的。一般来说，各种生产线生产P1产品的投资回收期都是

最长的；手工生产线生产各种产品的投资回收期都较长。因此，对 P1 产品和手工生产线都需要谨慎投资。

一般来说，生产线的投资以全自动生产线为主、柔性生产线为辅。不建议购买半自动生产线，因为其产能是全自动生产线的一半，但是占用同样的厂房空间，支付相等的维护费用，投资和折旧费用也都高于全自动生产线的一半。

一般建议半自动生产线和全自动生产线不要转产，因为这些生产线的转产不仅需要花费高昂的转产费，而且要等待合适的转产时机。要注意灵活运用柔性生产线和手工生产线能够随时转产的特点，使选单时灵活度更高。

生产线的扩张应结合市场的需求，与市场的需求及本企业的销售能力相一致，不要造成过量的库存，也不能使产能满足不了市场销售的需要。对于柔性生产线来说，因为建设期为四期，一般建议在第一年的第一季度就开始投资，那么在第二年年初就可以进行生产。

资金紧张时，不应该变卖生产线。生产线是企业的"造血机"，只有企业生产出产品并实现销售才能使得企业发展壮大。建议资金短缺时，通过应收账款贴现、变卖厂房等进行融资。

2. 生产计划

生产计划包括产品生产、材料需求计划、开工计划等。表4-5是按照生产线规划的生产计划表，以此确定本年度生产线上生产各种产品的数量。

表 4-5　生产计划表 （一）

生产线类型	状态编号	年初在制品状态	各季度完成的生产				年生产能力
			第一季度	第二季度	第三季度	第四季度	
手工生产线	1	☐　☐　☐	上线生产	继续生产	继续生产	完工入库（上线生产）	1
	2	■　☐　☐	继续生产	继续生产	完工入库（上线生产）	继续生产	1

续表

生产线类型	状态编号	年初在制品状态	各季度完成的生产				年生产能力
			第一季度	第二季度	第三季度	第四季度	
手工生产线	3	□ ■ □	继续生产	完工入库（上线生产）	继续生产	继续生产	1
	4	□ □ ■	完工入库（上线生产）	继续生产	继续生产	完工入库（上线生产）	2
半自动生产线	5	□ □	上线生产	继续生产	完工入库（上线生产）	继续生产	1
	6	■ □ □	继续生产	完工入库（上线生产）	继续生产	完工入库（上线生产）	2
	7	□ ■ □	完工入库（上线生产）	继续生产	完工入库（上线生产）	继续生产	2
全自动/柔性生产线	8	□	上线生产	完工入库（上线生产）	完工入库（上线生产）	完工入库（上线生产）	3
	9	■	完工入库（上线生产）	完工入库（上线生产）	完工入库（上线生产）	完工入库（上线生产）	4

注：□表示生产线上无在制品；■表示生产线上有在制品。

生产总监签字：

根据表4－5，假如某企业有3条手工生产线和1条半自动生产线全部生产P2产品，年初在各条生产线上都有在制品，如状态2、状态3、状态4和状态6，那么P2产品当年的年生产量计算公式为：手工生产线生产4个＋半自动生产线生产2个＝6个。

假如某企业当年建成1条半自动生产线生产P2产品和1条全自动/柔性生产线生产P3产品，那么两条生产线都在第三季度开始生产P2和P3产品（见表4－6）。

表4－6 生产计划表（二）

生产线类型	状态编号	年初在制品状态	各季度完成的生产				年生产能力
			第一季度	第二季度	第三季度	第四季度	
半自动生产线	10	□ □			上线生产	继续生产	0

续表

生产线类型	状态编号	年初在制品状态	各季度完成的生产				年生产能力
			第一季度	第二季度	第三季度	第四季度	
全自动/柔性生产线	11	□			上线生产	完工入库（上线生产）	1

注：□表示生产线上无在制品；■表示生产线上有在制品。

生产总监签字：

根据表4-6，P2产品当年的产量为0个，P3产品当年的产量为1个。

五 原材料需求计划

根据产能，规划各种原材料订购和入库的数量。原材料的订购需要提前期，原材料订购过多或过早，都会过多占用资金；订购太少或太晚，又不能满足生产的需要。所以，原材料订购的数量为生产产品所需原材料数量减去库存数量，要注意R1、R2需要提前一期预订，R3、R4需要提前两期预订。

假如某企业目前有3条手工生产线和1条半自动生产线全部用来生产P2产品，各条生产线在不同时间开始上线生产P2产品，则需要规划在不同的时间预订不同的原材料（见表4-7）。

表4-7 原材料采购计划表

生产线类型	产品	上线产品					所需原材料					预订原材料				
		第一季度	第二季度	第三季度	第四季度	下年第一季度	第一季度	第二季度	第三季度	第四季度	下年第一季度	上年第四季度	第一季度	第二季度	第三季度	第四季度
手工生产线1	P2		上线生产P2			上线生产P2		1R2+1R3			1R2+1R3	1R3	1R2		1R3	1R2

续表

生产线类型	产品	上线产品					所需原材料					预订原材料				
		第一季度	第二季度	第三季度	第四季度	下年第一季度	第一季度	第二季度	第三季度	第四季度	下年第一季度	上年第四季度	第一季度	第二季度	第三季度	第四季度
手工生产线2	P2			P2					1R2+1R3			1R3	1R2			
手工生产线3	P2				P2					1R2+1R3				1R3	1R2	
半自动生产线	P2	P2	P2	P2			1R2+1R3		1R2+1R3			1R3	1R2	1R3	1R2	
预订原材料合计							R2						2	1	2	1
							R3					2	1	2	1	

生产总监签字：　　　　　　　　　　　　采购总监签字：

根据表4-7，在本年度的第一季度预订2R2和1R3，第二季度预定1R2和2R3，第三季度预定2R2和1R3，第四季度预定1R2。

六　财务决策

财务预算是企业经营中一个非常重要的环节。如果资金运用不好，企业会面临资金链断流，甚至破产的险境。

在企业经营中要灵活运用长期贷款和短期贷款。长期贷款还款期限长，企业每年面临的还款压力小，但是相对于短期贷款来说，又存在利息高、申请周期长（每年一次）等缺点。短期贷款灵活性好（每年四次），但是次年要还本付息，企业面临的还款压力比较大。所以，应该进行长期贷款与短期贷款的合理配比。一般来说，长期贷款用于固定资产的投资，如厂房、设备的投资；而短期贷款则主要是满足日常经营所需。

如果利息率低于投资报酬率时，负债可以为企业带来"财务杠杆"效应。但是如果利息率高于投资报酬率时，企业就面临高的财务风险。

企业在经营过程中，如果流动资金紧张，还可以采取应收账款贴现、变卖厂房、变卖生产线等手段进行融资。应收账款贴现时应先贴现账期长的应收账款，因为短期的应收账款能够在近期收现，从而节约融资费用。

第五章 模拟企业经营成果分析

企业在经营过程中，需要进行经营分析，主要从市场、财务、绩效等几个方面进行相关财务指标分析。

一 市场分析

市场分析主要从产品市场占有率、综合市场占有率和广告投入产出比三个方面进行。

1. 产品市场占有率

产品市场占有率反映了企业在市场上销售某种产品获取利润的能力，可以通过分析企业某种产品的市场占有率来确定企业的该类产品是否具有竞争优势。其计算公式为：

某产品市场占有率＝该企业在市场上销售的该类产品总数量（收入）/市场上该类产品总销售数量（收入）×100%

图 5 - 1、图 5 - 2 分别是 A、B、C、D、E、F 企业经营第二年P1 和 P2 产品的市场占有率。

从图 5 - 1、图 5 - 2 可以看出，企业经营第二年在 P1 产品上F、A、E 企业具有很强的竞争优势；而在 P2 产品上 C、D 企业具有很强的竞争优势。

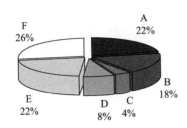

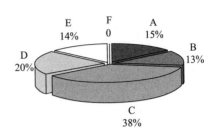

图 5 – 1　企业经营第二年 P1
产品市场占有率

图 5 – 2　企业经营第二年 P2
产品市场占有率

2. 综合市场占有率

综合市场占有率是指某企业在某一市场上全部产品的销售数量（收入）与全部企业在该市场上全部产品的销售数量（收入）之比，可以通过分析综合市场占有率来确定企业在市场中的地位。其计算公式为：

综合市场占有率 = 该企业在某一市场上全部产品的销售数量（收入）/全部企业在该市场上全部产品的销售数量（收入）×100%

图 5 – 3、图 5 – 4 分别是 A、B、C、D、E、F 企业经营第二年在本地市场和区域市场的综合市场占有率。

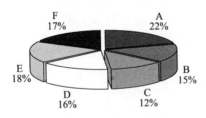

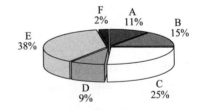

图 5 – 3　企业经营第二年本地
市场的综合市场占有率

图 5 – 4　企业经营第二年区域
市场的综合市场占有率

从图 5 – 3、图 5 – 4 可以看出，企业经营第二年 A 企业在本地市场的综合市场占有率最高，是本地市场的"老大"；而 E 企业在区域市场的综合市场占有率最高，是区域市场的"老大"。

3. 广告投入产出比

广告投入产出比是分析广告投入收益率的指标。其计算公式为：

$$广告投入产出比 = 订单销售额/广告投入$$

广告投入产出比用来分析各个企业在广告投入上的差异，企业营销总监要认真分析市场和竞争企业的状况，追求广告投入产出比最大化。

图5-5、图5-6分别是A、B、C、D、E、F企业经营第一年和第二年的广告投入产出比。

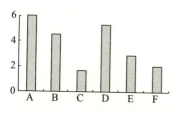

图5-5　企业经营第一年广告
投入产出比

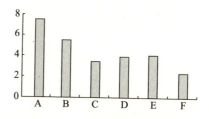

图5-6　企业经营第二年广告
投入产出比

从图5-5、图5-6可以看出，A企业在第一年和第二年的广告投入产出比都较大，说明其广告的投放具有很高的收益率。

二　财务分析

我们选择收益力、成长力、安定力、活动力四个方面的财务指标来说明企业的财务状况。表5-1是A、B、C、D、E、F企业经营第二年的各项财务指标。

表5-1　企业经营第二年财务指标分析

指标类别	具体指标	A	B	C	D	E	F	平均
收益力	毛利率（%）	58.62	56.76	53.49	56.67	58.14	60.00	

指标类别	具体指标	A	B	C	D	E	F	平均
收益力	销售利润率（%）	−89.66	−40.54	−51.16	−63.33	−13.95	−111.43	
	总资产收益率（%）	−14.41	−8.27	−15.11	−10.91	−2.52	−39.73	
	净资产收益率（%）	−51.61	−29.73	−110.53	−40.00	−7.69	414.29	
成长力	销售收入成长率（%）	−19.44	68.18	616.67	15.38	290.91	118.75	
	利润增长率（%）	−188.89	−7.14	12.00	−11.76	71.43	−14.71	
	净资产成长率（%）	−45.61	−28.85	−53.66	−38.78	−13.33	−121.88	
安定力	流动比率	1.15	1.02	1.63	2.35	1.35	1.33	
	速动比率	0.85	0.45	1.35	1.00	0.85	0.88	
	固定资产长期适配率	0.92	0.99	0.52	0.70	0.82	0.61	
	资产负债率	0.72	0.72	0.86	0.73	0.67	1.10	
活动力	应收账款周转率	0.89	5.69	1.10	3.00	6.14	—	
	存货周转率	0.89	0.62	1.11	0.55	0.77	0.78	
	固定资产周转率	0.13	0.13	0.25	0.11	0.17	0.43	
	总资产周转率	0.25	0.32	0.39	0.27	0.38	0.47	

（一）收益力

收益力是分析企业经营获利能力的指标。

1. 毛利率

毛利率说明每获得 1 元的销售收入为企业带来的利润是多少。为了说明每个产品对企业的贡献，还需要按产品计算毛利率。其计算公式为：

$$毛利率 = （销售收入 - 销售成本）/销售收入 \times 100\%$$

2. 销售利润率

销售利润率是毛利率的深化，用来反映企业主营业务的赢利情况。其计算公式为：

$$销售利润率 = （销售毛利 - 综合费用）/销售收入 \times 100\%$$

3. 总资产收益率

总资产收益率是反映企业资产赢利能力的指标。其计算公式为：

$$总资产收益率 = 息税前利润/资产总计 \times 100\%$$

4. 净资产收益率

净资产收益率反映投资者投入资金的获利能力，是一项投资者关心的指标，也是杜邦分析的基础指标。其计算公式为：

$$净资产收益率 = 净利润/所有者权益 \times 100\%$$

（二）成长力

成长力是分析企业经营的未来发展潜力，也就是持续赢利能力的指标。

1. 销售收入成长率

销售收入成长率是分析销售收入增长情况的指标。其计算公式为：

$$销售收入成长率 = （本期销售收入 - 上期销售收入）/上期销售收入 \times 100\%$$

2. 利润增长率

利润增长率是分析利润增长情况的指标。其计算公式为：

$$利润增长率 = （本期息前利润 - 上期息前利润）/上期息前利润 \times 100\%$$

图 5 - 7 是 A、B、C、D、E、F 企业经营第二年销售收入和息前利润的变化情况。

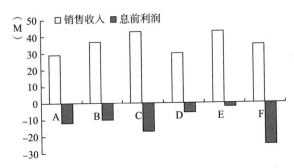

图 5-7　企业经营第二年销售收入和息前利润变化情况

3. 净资产成长率

净资产成长率是分析净资产增长情况的指标，反映股东权益的提高情况，也是投资者比较关注的指标之一。其计算公式为：

净资产成长率 = （本期净资产 - 上期净资产）/ 上期净资产 × 100%

（三）安定力

安定力是分析企业的经营是否存在风险、财务状况是否稳定的指标。

1. 流动比率

流动比率是分析企业短期偿债能力的一项指标。其数值越大，短期偿债能力就越强。其中的流动资产主要包括现金、银行存款、应收账款和存货。其计算公式为：

流动比率 = 流动资产/流动负债

2. 速动比率

速动比率也是分析短期偿债能力的一项指标，比流动资产更能体现企业的偿债能力。其中，速动资产 = 流动资产 - 存货。一般来说，速动比率大于 1，说明短期偿债能力较好。其计算公式为：

速动比率 = 速动资产/流动负债

3. 固定资产长期适配率

固定资产长期适配率是分析固定资产购建资金来源的一项指标。一般来说，固定资产的购建应该使用长期贷款和自有资金，不应该使用短期贷款。该指标只有小于1，才能使企业财务风险变小。其计算公式为：

固定资产长期适配率 = 固定资产/（长期负债 + 所有者权益）

4. 资产负债率

资产负债率是分析企业长期偿债能力的一项指标。企业应该利用负债，获得财务杠杆效益。但是负债过高，财务风险会加大，企业的经营风险也会变大。资产负债率指标需要根据企业自身的情况和市场情况来分析确定。其计算公式为：

资产负债率 = 负债/资产

（四）活动力

活动力是反映企业进行资产管理能力的指标。

1. 应收账款周转率

应收账款周转率是指在分析期间内应收账款转化为现金的次数。应收账款周转率越高，说明应收账款收回越快。其计算公式为：

应收账款周转率 = 当期销售净额/ ［（期初应收账款余额 + 期末应收账款余额）/2］

2. 存货周转率

存货周转率越高，说明存货销售得越快，周转越快。如果销售利润率一定的话，存货周转率越高，获得的利润就越多。其计算公式为：

存货周转率 = 当期销售成本/ ［（期初存货余额 + 期末存货余额）/2］

3. 固定资产周转率

固定资产周转率是用来分析固定资产使用效率的指标。固定资产周转率越高，说明固定资产占用的资金进行了多次经营周转，也说明固定资产的使用效率越高。其计算公式为：

固定资产周转率 = 当期销售净额/〔（期初固定资产余额 + 期末固定资产余额）/2〕

4. 总资产周转率

总资产周转率是分析企业运用资产获取收入的能力以及全面评价企业资产赢利能力的指标。总资产周转率越高，说明总资产周转越快，如果利润率不变，那么企业的利润会增加。其计算公式为：

总资产周转率 = 当期销售收入/〔（期初资产总额 + 期末资产总额）/2〕

（五）经营业绩的综合评价

1. 成本结构变化分析

利用成本结构的变化，来分析企业经营中的成本控制问题。图5-8是 A、B、C、D、E、F 企业经营第二年经常性费用与销售收入比值变化的情况。其中，运营费 = 设备维修费 + 厂房租金 + 转产费 + 其他费用。

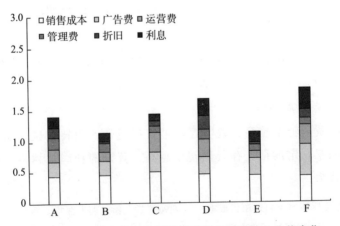

图 5-8　企业经营第二年经常性费用与销售收入比值变化

从图 5-8 可以看出，各个企业在经营第二年都是亏损状态，F 企业亏损最严重，主要是广告费和利息较高。

还可以通过分析某企业的各种费用在多个经营年度内的变化情况来判断该企业经营存在的问题（见图 5-9、图 5-10）

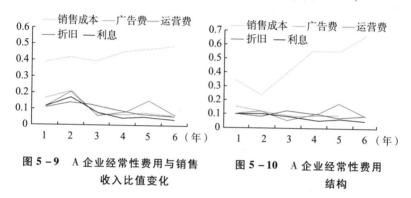

图 5-9　A 企业经常性费用与销售
收入比值变化

图 5-10　A 企业经常性费用
结构

2. 产品赢利能力分析

企业生产多种产品，不同产品对企业的赢利贡献是不一样的。有的产品贡献大，有的产品贡献小，甚至是亏损的。分析不同产品的赢利能力，可以发展赢利好的产品，淘汰不赢利的产品。

某产品的赢利能力 = 该产品的销售收入 - 该产品的销售成本 - 该产品应分摊的费用

该产品应分摊的费用 = 分摊费用总额/所有产品销售数量总和 × 该产品销售的数量

某产品的利润贡献度 = 该产品的赢利能力/利润总额 × 100%

3. 杜邦分析

杜邦分析方法是将企业的净资产收益率逐级分解，从而分析企业经营存在的问题。图 5-11 为 A 企业经营第一年的杜邦分析。

杜邦分析是将净资产收益率分解为总资产收益率和权益乘数，总资产收益率的高低受销售净利率和总资产周转率的影响。如果销售净利率较低，则需要扩大销售，降低成本；如果总资产周转率较低，则需要提高资产的使用效率，加快资金周转。权益乘数反映企业的负债能力，这个指标数值越高，说明企业负债经营程度越高，企业面临较高的财务风险；这个指标数值越低，说明企业的财务风险越小，但是获得财务杠杆的收益就越低。

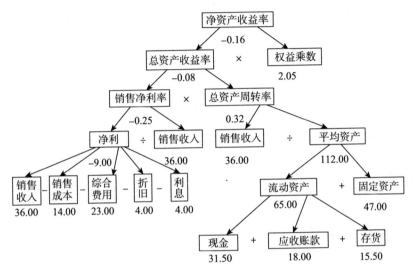

图 5 – 11　A 企业经营第一年杜邦分析

第六章 课程评价体系

一个好的评价体系对于课程来说是非常重要的一环，为课程学习指明了方向，提出了要求。经营决策沙盘模拟课程的评价体系包括以下几个方面。

一 企业经营综合评分结果

一般企业经营六年，六年经营结束后，根据企业经营综合评分规则，系统会自动计算各个企业的综合评分并进行排名。表6－1是某期经营结束后，各个企业的综合评分结果。该评分在整个课程评价体系中约占40%。

表6－1 各个企业综合评分结果

企　　业	总　　分
A	300.3
B	485.8
C	159.3
D	262.2
E	466.2
F	201.3

二 企业经营报告

企业经营报告是学生对其企业的整个经营过程进行详细分析说明的报告，主要包括企业组织架构、企业战略、企业经营分析、企业经营中存在的问题及采取的措施、对课程的感想和建议等几个部分（企业经营报告模板见后）。

撰写企业经营报告是对企业经营过程的一个理性的再思考过程，通过分析可以找出企业在经营过程中的得与失。所以，在课程评价体系中，企业经营报告也是一个非常重要的部分，该部分大约占整个课程评价体系的30%。

××××大学

企业经营决策沙盘模拟报告

(×××企业)

指导教师： _____

经济管理学院

报告基本内容框架

一、企业组织架构

二、企业战略

包括市场预测、市场决策、发展规划、产品决策、投资决策、生产线决策等。

三、企业经营分析

1. 广告投入产出分析（包括横向分析和纵向分析）

2. 财务报表分析（包括横向分析和纵向分析）

（1）主要分析指标

①负债分析：流动比率、速动比率、资产负债率

②赢利分析：毛利率、销售利润率、总资产收益率、净资产收益率

③成长性分析：销售收入增长率、利润增长率、净资产增长率

④资产管理分析：应收账款周转率、存货周转率、固定资产周转率、总资产周转率

⑤成本结构变化分析：各项费用占比 = 费用/销售收入 ×100%

⑥特定产品赢利分析：某产品的利润贡献度 = 该产品的赢利能力/利润总额 ×100%，某产品的赢利能力 = 该产品的销售收入 − 该产品的销售成本 − 该产品应分摊的费用

（2）综合财务指标

杜邦分析体系

四、经营中存在的问题及采取的措施

五、对课程的感想和建议

三　董事会关于企业经营评议会

成立董事会，以经营企业小组为单位，对企业六年的经营状况进行分析总结，要求每个企业制作 PPT 进行宣讲，董事会成员按照表6-2进行打分考核。该评分大约占课程评价体系的20%。

表6-2　董事会评价企业经营情况

受评价企业：　　　　　　　　　　　　　　　评价人：

类别	CEO		财务总监		营销总监		生产总监	
	项目	评价	项目	评价	项目	评价	项目	评价
评价项目	1. PPT制作情况		1. PPT制作情况		1. PPT制作情况		1. PPT制作情况	
	2. 对企业面临的内外部环境的认识		2. 对财务总监职位的认知		2. 对营销总监职位的认知		2. 对生产总监职位的认知	
	3. 团队的组织和有效沟通		3. 与其他职位工作的协调		3. 市场预测及广告的投放		3. 制订生产计划情况	
	4. 制定长中期发展策略		4. 财务预算能力		4. 市场开拓情况		4. 新产品研发情况	
	5. 战略调整情况		5. 财务管理能力（如筹资、投资）		5. 采购计划的控制		5. 设备投资情况	
	6. 总结经营经验		6. 编制财务报表的能力		6. 是否紧急采购原材料及产品		6. 组织生产、按时交货情况	
	7. 是否破产经营		7. 是否破产经营		7. 是否有违约行为		7. 经营结束后厂房情况	
	8. 排名情况		8. 排名情况		8. 市场地位（什么市场"老大"）		8. 经营结束后生产线情况	
	9. 着装大方、得体		9. 着装大方、得体		9. 商业间谍及了解竞争对手情况		9. 经营结束后主营产品情况	

受评价企业：　　　　　　　　　　　　　　　　　评价人：

类别	CEO		财务总监		营销总监		生产总监	
评价项目	项目	评价	项目	评价	项目	评价	项目	评价
	10. 语言顺畅、流利		10. 语言顺畅、流利		10. 着装大方、得体		10. 着装大方、得体	
	11. 其他		11. 其他		11. 语言顺畅、流利		11. 语言顺畅、流利	
综合评价								

注：评价栏以优、良、中、差为标准。

1. 产品

分为 P1、P2、P3、P4 四种产品，它们分别是从中低端到高端的产品。

产品信息

产品名称	开发费用	开发周期	加工费用	直接成本	产品组成
P1	1M/季	2 季	1M	2 M	R1
P2	1M/季	4 季	1M	3 M	R2 + R3
P3	1M/季	6 季	1M	4 M	R1 + R3 + R4
P4	2M/季	6 季	1M	5 M	R2 + R3 + 2R4

2. 生产线

生产线信息

生产线类型	购置费	安装周期	生产周期	总转产费	转产周期	维修费	残值
手工生产线	5M	无	3 季	0M	无	1M/年	1M
半自动生产线	10M	2 季	2 季	1M	1 季	1M/年	2M
全自动生产线	15M	3 季	1 季	2M	1 季	1M/年	3M
柔性生产线	20M	4 季	1 季	0M	无	1M/年	4M

注：不论何时出售生产线，价格为残值，净值与残值之差计入损失；只有空生产线方可转产；当年建成的生产线需要缴纳维修费。

3. 折旧（平均年限法）

生产线年折旧额

生产线类型	购置费	残值	建成第一年	建成第二年	建成第三年	建成第四年	建成第五年
手工生产线	5M	1M	0	1M	1M	1M	1M
半自动生产线	10M	2M	0	2M	2M	2M	2M
全自动生产线	15M	3M	0	3M	3M	3M	3M
柔性生产线	20M	4M	0	4M	4M	4M	4M

4. 融资

融资方法

贷款类型	贷款申请时间	贷款额度	年利息	还款方式
长期贷款	每年年初	长期贷款和短期贷款之和，为上年权益的 3 倍	10%	年初付息，到期还本，10 的倍数
短期贷款	每季度初	长期贷款和短期贷款之和，为上年权益的 3 倍	5%	到期一次还本付息，20 的倍数
应收账款贴现	任何时间	根据应收账款额	1~2 季为 1/10，3~4 季为 1/8	变现时贴息
库存拍卖	原材料 9 折，成品按成本出售			

5. 厂房

厂房信息

厂房名称	购买价格	租金	销售价格	容量	备注
大厂房	40M	5M/年	40M	6 条生产线	厂房出售得到 4 个账期的应收账款，紧急情况下可将应收账款贴现，直接得到现金
小厂房	30M	3M/年	30M	4 条生产线	

注：厂房不计提折旧。

厂房租入一年后，可做租转买、退租等处理，续租时系统自动处理。

6. 市场准入

市场开发所需的费用和时间

市场	费用	时间	备注
本地	1M/年	1 年	开发费用按开发时间在年末平均支付，不允许加速投资；市场开发完成后，领取相应的市场准入证；可中断开发
区域	1M/年	1 年	
国内	1M/年	2 年	
亚洲	1M/年	3 年	
国际	1M/年	4 年	

7. 资格认证

企业获取认证的时间和所需的费用

资格	时间	费用	备注
ISO 9000	2 年	1M/年	平均支付，认证完成后可以领取相应的资格证，也可中断投资
ISO 14000	2 年	2M/年	

8. 原材料设置

原材料信息

原材料名称	购买价格	提前期
R1	1M	1 季
R2	1M	1 季
R3	1M	2 季
R4	1M	2 季

9. 紧急采购

付款即到货，原材料价格为直接成本的 2 倍，成品价格为直接成本的 4 倍。

10. 选单规则

第一，上年销售额最高（无违约）的企业优先；第二，本市场本产品投放的广告额高者优先；第三，本市场投放的广告总额高者优先；第四，本市场销售排名靠前者优先；第五，如仍无法决定，系统自动抽签。

11. 破产标准

现金断流或权益为负。

12. 订单情况

第一年无订单。

13. 订单交割规则

交单可提前，不可推后，违约收回订单。

14. 小数金额的处理

违约金扣除向下取整；库存拍卖所得现金向下取整；贴现费用向上取整；扣税向下取整。

15. 其他核算规则

库存折价出售、生产线变卖、紧急采购、订单违约记入损失。

16. 其他重要参数

其他重要参数见参数设置界面。

违约扣款百分比	20	%	最大长贷年限	5	年
库存折价率（产品）	100	%	库存折价率（原材料）	90	%
长期贷款利率	10	%	短期贷款利率	5	%
贷款额倍数	3	倍	初始现金（股东资本）	60	M
贴现率（1,2期）	10	%	贴现率（3,4期）	12.5	%
管理费	1	M	信息费	1	M
紧急采购倍数（原材料）	2	倍	紧急采购倍数（产品）	4	倍
所得税率	25	%	最大经营年限	6	年
选单时间	60	秒			

确定

参数设置界面

17. 综合评分表

企业经营综合评分表

项目	各项得分	权重系数	经营成果评分
手工生产线	5 分/每条	各项得分之和 ÷100	企业所有者权益 × (1 + 权重系数)
半自动生产线	7 分/每条		
全自动/柔性生产线	10 分/每条		
区域市场开发	10 分		
国内市场开发	10 分		
亚洲市场开发	10 分		
国际市场开发	10 分		
ISO 9000	10 分		
ISO 14000	10 分		
P1 产品开发	10 分		
P2 产品开发	10 分		
P3 产品开发	10 分		
P4 产品开发	10 分		

附录 2 模拟企业运营分析及结果提交表

第一年运营分析及结果提交表

序号	运营分析及结果提交表目录
1	产品需求量分析预测表（营销总监签字）
2	产品价格分析表（营销总监签字）
3	企业发展规划表（CEO 签字）
4	生产计划表（生产总监签字）
5	原材料采购计划表（生产总监、采购总监签字）
6	现金预算表（财务总监、CEO 签字）
7	预计综合费用表和预计利润表（财务总监、CEO 签字）
8	企业经营记录表（现金流量表）（CEO 签字）
9	企业经营成果表（综合费用表、利润表、资产负债表）（财务总监、CEO 签字）

第一年　用户 ＿＿＿＿＿

1. 产品需求量分析预测表

市场	产品	第一年	第二年	第三年	第四年	第五年	第六年
本地市场	P1						
	P2						
	P3						
	P4						
区域市场	P1						
	P2						
	P3						
	P4						
国内市场	P1						
	P2						
	P3						
	P4						
亚洲市场	P1						
	P2						
	P3						
	P4						
国际市场	P1						
	P2						
	P3						
	P4						
总计	P1						
	P2						
	P3						
	P4						
平均	P1						
	P2						
	P3						
	P4						

营销总监签字：

第一年　用户＿＿＿＿＿＿

2. 产品价格分析表

市场	产品	第一年	第二年	第三年	第四年	第五年	第六年	平均
本地市场	P1							
	P2							
	P3							
	P4							
区域市场	P1							
	P2							
	P3							
	P4							
国内市场	P1							
	P2							
	P3							
	P4							
亚洲市场	P1							
	P2							
	P3							
	P4							
国际市场	P1							
	P2							
	P3							
	P4							

营销总监签字：

第一年　用户_____

3. 企业发展规划表

时间	项目	产品研发				生产线在建										市场开拓					ISO 认证	
		P1	P2	P3	P4	1	2	3	4	5	6	7	8	9	10	本地	区域	国内	亚洲	国际	ISO 9000	ISO 14000
第一年	第一季度																					
	第二季度																					
	第三季度																					
	第四季度																					
第二年	第一季度																					
	第二季度																					
	第三季度																					
	第四季度																					
第三年	第一季度																					
	第二季度																					
	第三季度																					
	第四季度																					
第四年	第一季度																					
	第二季度																					
	第三季度																					
	第四季度																					
第五年	第一季度																					
	第二季度																					
	第三季度																					
	第四季度																					
第六年	第一季度																					
	第二季度																					
	第三季度																					
	第四季度																					

CEO 签字：

第一年　用户 _____

4. 生产计划表

生产线类型	产品	年初在制品状态	各季度完成的生产				年生产能力
			第一季度	第二季度	第三季度	第四季度	
手工生产线		□ □ □					
		□ □ □					
		□ □ □					
		□ □ □					
半自动生产线		□ □					
		□ □					
全自动/柔性生产线		□					
		□					
		□					
		□					
		□					
		□					
		□					
		□					
		□					
		□					
年生产能力合计	P1						
	P2						
	P3						
	P4						

注：□表示生产线上无在制品；■表示生产线上有在制品。

生产总监签字：

第一年　用户_____

5. 原材料采购计划表

生产线类型	产品	上线产品					所需原材料					预订原材料				
		第一季度	第二季度	第三季度	第四季度	下年第一季度	第一季度	第二季度	第三季度	第四季度	下年第一季度	上年第四季度	第一季度	第二季度	第三季度	第四季度
预订原材料合计							R1									
							R2									
							R3									
							R4									

生产总监签字：　　　　　　　　　　　　　　　　采购总监签字：

第一年 用户＿＿＿＿＿＿＿

6. 现金预算表

项目	第一季度	第二季度	第三季度	第四季度
期初库存现金				
广告投放				
支付上年应缴税				
支付长期贷款利息				
支付到期的长期贷款				
申请长期贷款				
支付短期贷款本息				
申请短期贷款				
原材料采购支付现金				
购买/租用厂房费用				
新建/在建/转产/变卖生产线				
紧急采购				
开始下一批生产				
应收账款到期收现				
按订单交货收现				
产品研发投资				
厂房出售/退租/租转买				
支付管理费用				
支付租金				
出售库存				
厂房贴现				
应收账款贴现				
违约扣款				
设备维护费用				
市场开拓投资				
ISO 认证投资				
其他				
季末库存现金余额				

财务总监签字： CEO 签字：

第一年　用户_____

7. 预计综合费用表和预计利润表

项目	预计综合费用金额
管理费	
广告费	
设备维护费	
损失	
转产费	
厂房租金	
新市场开拓费	
ISO 资格认证费	
产品研发费	
其他	
综合费用合计	
项目	预计利润金额
销售收入	
销售成本	
毛利	
综合费用	
折旧前利润	
折旧	
支付利息前利润	
财务费用	
税前利润	
所得税	
年度净利润	
项目	所有者权益金额
股东资本	
利润留存	
年度净利润	
所有者权益合计	

财务总监签字：　　　　　　　　　　　　　　　CEO 签字：

第一年 用户 _____

8. 企业经营记录表（现金流量表）

用户 _____   第___年经营

操作顺序	企业经营流程	每执行完一项操作，由 CEO 在相应的方格内打钩			
	实物沙盘手工操作流程	电子沙盘系统操作流程	手工记录		
年初	新年度规划会议				
	广告投放	输入广告费并确认			
	支付所得税（25%）	系统自动			
	支付长期贷款利息	系统自动			
	更新长期贷款/长期贷款还款	系统自动			
	参加订货会	选单			
	申请长期贷款	输入贷款数额并确认			
1	季初盘点（请填余额）	产品下线，生产线完工（自动）			
2	更新短期贷款/短期贷款还本付息	系统自动			
3	申请短期贷款	输入贷款数额并确认			
4	原材料入库/更新原材料订单	需要确认金额			
5	下原材料订单	输入并确认			
6	购买/租用厂房	选择并确认，自动扣现金			
7	更新生产/完工入库	系统自动			
8	新建/在建/转产/变卖生产线	选择并确认			
9	紧急采购（随时进行）	随时进行输入并确认			
10	开始下一批生产	选择并确认			
11	更新应收账款/应收账款收现	需要输入到期金额			
12	按订单交货	选择交货订单确认			
13	产品研发投资	选择并确认			

续表

操作顺序	企业经营流程	每执行完一项操作，由 CEO 在相应的方格内打钩			
	实物沙盘手工操作流程	电子沙盘系统操作流程	手工记录		
14	厂房出售（买转租/退租/租转买）	选择确认，自动转应收账款			
15	新市场开拓/ISO 资格认证	仅第四季度允许操作			
16	支付管理费/更新厂房租金	系统自动			
17	出售库存	输入并确认（随时进行）			
18	厂房贴现	随时进行			
19	应收账款贴现	输入并确认（随时进行）			
20	季末收入合计				
21	季末支出合计				
22	季末数额对账 [（1）+（20）-（21）]				
年末	缴纳违约订单罚款（20%）	系统自动			
	支付设备维护费	系统自动			
	计提折旧	系统自动			（ ）
	结账				

注：年末计提折旧时，与现金流无关，因此在表中标注（　　）以示区别。

CEO 签字：

第一年　用户＿＿＿＿＿＿＿

9. 企业经营成果表

综合费用表

项目	金额
管理费	
广告费	
设备维护费	
损失	
转产费	
厂房租金	
新市场开拓费	
ISO 资格认证费	
产品研发费	
信息费	
合计	

利润表

项目	金额
销售收入	
销售成本	
毛利	
综合费用	
折旧前利润	
折旧	
支付利息前利润	
财务费用	
税前利润	
所得税	
年度净利润	

资产负债表

项目	金额	项目	金额
货币资金		长期负债	
应收账款		短期负债	
在制品		应缴所得税	
产成品		—	—
原材料		—	—
流动资产合计		负债合计	
厂房		股东资本	
生产线		利润留存	
在建工程		年度净利润	
固定资产合计		所有者权益合计	
资产总计		负债和所有者权益总计	

注：库存折价出售、生产线变卖、紧急采购、订单违约记入损失。

财务总监签字：　　　　　　　　　　　　　　　　　　　CEO 签字：

第二年运营分析及结果提交表

序号	运营分析及结果提交表目录
1	广告费预算表（营销总监、CEO 签字）
2	生产计划表（生产总监签字）
3	原材料采购计划表（生产总监、采购总监签字）
4	现金预算表（财务总监、CEO 签字）
5	预计综合费用表和预计利润表（财务总监、CEO 签字）
6	企业经营记录表（CEO 签字）
7	企业经营成果表（综合费用表、利润表、资产负债表）（财务总监、CEO 签字）

第二年　用户＿＿＿＿＿＿

1. 广告费预算表

市场	P1	P2	P3	P4	ISO 9000	ISO 14000
本地						
区域						
国内						
亚洲						
国际						
合计						

营销总监签字：　　　　　　　　　　　　　　　　　CEO 签字：

第二年　用户_____

2. 生产计划表

生产线类型	产品	年初在制品状态	各季度完成的生产				年生产能力
			第一季度	第二季度	第三季度	第四季度	
手工生产线		□ □ □					
		□ □ □					
		□ □ □					
		□ □ □					
半自动生产线		□ □					
		□ □					
全自动/柔性生产线		□					
		□					
		□					
		□					
		□					
		□					
		□					
		□					
		□					
		□					
年生产能力合计	P1						
	P2						
	P3						
	P4						

注：□表示生产线上无在制品；■表示生产线上有在制品。

生产总监签字：

第二年 用户 _____

3. 原材料采购计划表

生产线类型	产品	上线产品					所需原材料					预订原材料				
		第一季度	第二季度	第三季度	第四季度	下年第一季度	第一季度	第二季度	第三季度	第四季度	下年第一季度	上年第四季度	第一季度	第二季度	第三季度	第四季度
预订原材料合计							R1									
							R2									
							R3									
							R4									

生产总监签字: 采购总监签字:

第二年　用户 _____

4. 现金预算表

项目	第一季度	第二季度	第三季度	第四季度
期初库存现金				
广告投放				
支付上年应缴税				
支付长期贷款利息				
支付到期的长期贷款				
申请长期贷款				
支付短期贷款本息				
申请短期贷款				
原材料采购支付现金				
购买/租用厂房费用				
新建/在建/转产/变卖生产线				
紧急采购				
开始下一批生产				
应收账款到期收现				
按订单交货收现				
产品研发投资				
厂房出售/退租/租转买				
支付管理费用				
支付租金				
出售库存				
厂房贴现				
应收账款贴现				
违约扣款				
设备维护费用				
市场开拓投资				
ISO 认证投资				
其他				
季末库存现金余额				

财务总监签字：　　　　　　　　　　　　　　　　CEO 签字：

第二年　用户＿＿＿＿＿＿

5. 预计综合费用表和预计利润表

项目	预计综合费用金额
管理费	
广告费	
设备维护费	
损失	
转产费	
厂房租金	
新市场开拓费	
ISO 资格认证费	
产品研发费	
其他	
综合费用合计	

项目	预计利润金额
销售收入	
销售成本	
毛利	
综合费用	
折旧前利润	
折旧	
支付利息前利润	
财务费用	
税前利润	
所得税	
年度净利润	

项目	所有者权益金额
股东资本	
利润留存	
年度净利润	
所有者权益合计	

财务总监签字：　　　　　　　　　　　　　　　CEO 签字：

第二年　用户_____

6. 企业经营记录表（现金流量表）

用户_____　　　　第___年经营

操作顺序	企业经营流程	每执行完一项操作，由CEO在相应的方格内打钩			
	实物沙盘手工操作流程	电子沙盘系统操作流程		手工记录	
年初	新年度规划会议				
	广告投放	输入广告费并确认			
	支付所得税（25%）	系统自动			
	支付长期贷款利息	系统自动			
	更新长期贷款/长期贷款还款	系统自动			
	参加订货会	选单			
	申请长期贷款	输入贷款数额并确认			
1	季初盘点（请填余额）	产品下线，生产线完工（自动）			
2	更新短期贷款/短期贷款还本付息	系统自动			
3	申请短期贷款	输入贷款数额并确认			
4	原材料入库/更新原材料订单	需要确认金额			
5	下原材料订单	输入并确认			
6	购买/租用厂房	选择并确认，自动扣现金			
7	更新生产/完工入库	系统自动			
8	新建/在建/转产/变卖生产线	选择并确认			
9	紧急采购（随时进行）	随时进行输入并确认			
10	开始下一批生产	选择并确认			
11	更新应收账款/应收账款收现	需要输入到期金额			
12	按订单交货	选择交货订单确认			
13	产品研发投资	选择并确认			

操作顺序	企业经营流程	每执行完一项操作，由 CEO 在相应的方格内打钩		
	实物沙盘手工操作流程	电子沙盘系统操作流程	手工记录	
14	厂房出售（买转租/退租/租转买）	选择确认，自动转应收账款		
15	新市场开拓/ISO 资格认证	仅第四季度允许操作		
16	支付管理费/更新厂房租金	系统自动		
17	出售库存	输入并确认（随时进行）		
18	厂房贴现	随时进行		
19	应收账款贴现	输入并确认（随时进行）		
20	季末收入合计			
21	季末支出合计			
22	季末数额对账 [（1）+（20）-（21）]			
年末	缴纳违约订单罚款（20%）	系统自动		
	支付设备维护费	系统自动		
	计提折旧	系统自动		（　）
	结账			

注：年末计提折旧时，与现金流无关，因此在表中标注（　　）以示区别。

CEO 签字：

第二年　用户＿＿＿＿＿＿＿

7. 企业经营成果表

综合费用表

项目	金额
管理费	
广告费	
设备维护费	
损失	
转产费	
厂房租金	
新市场开拓费	
ISO 资格认证费	
产品研发费	
信息费	
合计	

利润表

项目	金额
销售收入	
销售成本	
毛利	
综合费用	
折旧前利润	
折旧	
支付利息前利润	
财务费用	
税前利润	
所得税	
年度净利润	

资产负债表

项目	金额	项目	金额
货币资金		长期负债	
应收账款		短期负债	
在制品		应缴所得税	
产成品		—	—
原材料		—	—
流动资产合计		负债合计	
厂房		股东资本	
生产线		利润留存	
在建工程		年度净利润	
固定资产合计		所有者权益合计	
资产总计		负债和所有者权益总计	

注：库存折价出售、生产线变卖、紧急采购、订单违约记入损失。

财务总监签字：　　　　　　　　　　　　　　　　　　CEO 签字：

第三年运营分析及结果提交表

序号	运营分析及结果提交表目录
1	广告费预算表（营销总监、CEO 签字）
2	生产计划表（生产总监签字）
3	原材料采购计划表（生产总监、采购总监签字）
4	现金预算表（财务总监、CEO 签字）
5	预计综合费用表和预计利润表（财务总监、CEO 签字）
6	企业经营记录表（CEO 签字）
7	企业经营成果表（综合费用表、利润表、资产负债表）（财务总监、CEO 签字）

第三年　用户＿＿＿＿＿＿＿

1. 广告费预算表

市场	P1	P2	P3	P4	ISO 9000	ISO 14000
本地						
区域						
国内						
亚洲						
国际						
合计						

营销总监签字：　　　　　　　　　　　　　　　　　　CEO 签字：

第三年　用户＿＿＿＿＿＿＿

2. 生产计划表

生产线类型	产品	年初在制品状态	各季度完成的生产				年生产能力
			第一季度	第二季度	第三季度	第四季度	
手工生产线		□ □ □					
		□ □ □					
		□ □ □					
		□ □ □					
半自动生产线		□ □					
		□ □					
全自动/柔性生产线		□					
		□					
		□					
		□					
		□					
		□					
		□					
		□					
		□					
		□					
年生产能力合计	P1						
	P2						
	P3						
	P4						

注：□表示生产线上无在制品；■表示生产线上有在制品。

生产总监签字：

第三年　用户 _____

3. 原材料采购计划表

生产线类型	产品	上线产品					所需原材料					预订原材料				
		第一季度	第二季度	第三季度	第四季度	下年第一季度	第一季度	第二季度	第三季度	第四季度	下年第一季度	上年第四季度	第一季度	第二季度	第三季度	第四季度
预订原材料合计					R1											
					R2											
					R3											
					R4											

生产总监签字：　　　　　　　　　　　　　　　　　采购总监签字：

第三年　用户 _____

4. 现金预算表

项目	第一季度	第二季度	第三季度	第四季度
期初库存现金				
广告投放				
支付上年应缴税				
支付长期贷款利息				
支付到期的长期贷款				
申请长期贷款				
支付短期贷款本息				
申请短期贷款				
原材料采购支付现金				
购买/租用厂房费用				
新建/在建/转产/变卖生产线				
紧急采购				
开始下一批生产				
应收账款到期收现				
按订单交货收现				
产品研发投资				
厂房出售/退租/租转买				
支付管理费用				
支付租金				
出售库存				
厂房贴现				
应收账款贴现				
违约扣款				
设备维护费用				
市场开拓投资				
ISO 认证投资				
其他				
季末库存现金余额				

财务总监签字：　　　　　　　　　　　　　　　　　CEO 签字：

第三年 用户_____

5. 预计综合费用表和预计利润表

项目	预计综合费用金额
管理费	
广告费	
设备维护费	
损失	
转产费	
厂房租金	
新市场开拓费	
ISO 资格认证费	
产品研发费	
其他	
综合费用合计	
项目	**预计利润金额**
销售收入	
销售成本	
毛利	
综合费用	
折旧前利润	
折旧	
支付利息前利润	
财务费用	
税前利润	
所得税	
年度净利润	
项目	**所有者权益金额**
股东资本	
利润留存	
年度净利润	
所有者权益合计	

财务总监签字: CEO 签字:

第三年　用户＿＿＿＿＿＿

6. 企业经营记录表（现金流量表）

用户＿＿＿＿＿＿　　　　第＿＿年经营

操作顺序	企业经营流程	每执行完一项操作，由 CEO 在相应的方格内打钩			
	实物沙盘手工操作流程	电子沙盘系统操作流程	手工记录		
年初	新年度规划会议				
	广告投放	输入广告费并确认			
	支付所得税（25%）	系统自动			
	支付长期贷款利息	系统自动			
	更新长期贷款/长期贷款还款	系统自动			
	参加订货会	选单			
	申请长期贷款	输入贷款数额并确认			
1	季初盘点（请填余额）	产品下线，生产线完工（自动）			
2	更新短期贷款/短期贷款还本付息	系统自动			
3	申请短期贷款	输入贷款数额并确认			
4	原材料入库/更新原材料订单	需要确认金额			
5	下原材料订单	输入并确认			
6	购买/租用厂房	选择并确认，自动扣现金			
7	更新生产/完工入库	系统自动			
8	新建/在建/转产/变卖生产线	选择并确认			
9	紧急采购（随时进行）	随时进行输入并确认			
10	开始下一批生产	选择并确认			
11	更新应收账款/应收账款收现	需要输入到期金额			
12	按订单交货	选择交货订单确认			
13	产品研发投资	选择并确认			

操作顺序	企业经营流程	每执行完一项操作，由 CEO 在相应的方格内打钩			
	实物沙盘手工操作流程	电子沙盘系统操作流程	手工记录		
14	厂房出售（买转租/退租/租转买）	选择确认，自动转应收账款			
15	新市场开拓/ISO 资格认证	仅第四季度允许操作			
16	支付管理费/更新厂房租金	系统自动			
17	出售库存	输入并确认（随时进行）			
18	厂房贴现	随时进行			
19	应收账款贴现	输入并确认（随时进行）			
20	季末收入合计				
21	季末支出合计				
22	季末数额对账［(1)+(20)-(21)］				
年末	缴纳违约订单罚款（20%）	系统自动			
	支付设备维护费	系统自动			
	计提折旧	系统自动			（　）
	结账				

注：年末计提折旧时，与现金流无关，因此在表中标注（　　）以示区别。

CEO 签字：

第三年　用户 _____

7. 企业经营成果表

综合费用表

项目	金额
管理费	
广告费	
设备维护费	
损失	
转产费	
厂房租金	
新市场开拓费	
ISO 资格认证费	
产品研发费	
信息费	
合计	

利润表

项目	金额
销售收入	
销售成本	
毛利	
综合费用	
折旧前利润	
折旧	
支付利息前利润	
财务费用	
税前利润	
所得税	
年度净利润	

资产负债表

项目	金额	项目	金额
货币资金		长期负债	
应收账款		短期负债	
在制品		应缴所得税	
产成品		—	—
原材料		—	—
流动资产合计		负债合计	
厂房		股东资本	
生产线		利润留存	
在建工程		年度净利润	
固定资产合计		所有者权益合计	
资产总计		负债和所有者权益总计	

注：库存折价出售、生产线变卖、紧急采购、订单违约记入损失。

财务总监签字：　　　　　　　　　　　　　　　　CEO 签字：

第四年运营分析及结果提交表

序号	运营分析及结果提交表目录
1	广告费预算表（营销总监、CEO 签字）
2	生产计划表（生产总监签字）
3	原材料采购计划表（生产总监、采购总监签字）
4	现金预算表（财务总监、CEO 签字）
5	预计综合费用表和预计利润表（财务总监、CEO 签字）
6	企业经营记录表（CEO 签字）
7	企业经营成果表（综合费用表、利润表、资产负债表）（财务总监、CEO 签字）

第四年　用户＿＿＿＿＿＿＿

1. 广告费预算表

市场	P1	P2	P3	P4	ISO 9000	ISO 14000
本地						
区域						
国内						
亚洲						
国际						
合计						

营销总监签字：　　　　　　　　　　　　　　　　　CEO 签字：

第四年　用户＿＿＿＿＿＿＿

2. 生产计划表

生产线类型	产品	年初在制品状态	各季度完成的生产				年生产能力
			第一季度	第二季度	第三季度	第四季度	
手工生产线		□ □ □					
		□ □ □					
		□ □ □					
		□ □ □					
半自动生产线		□ □					
		□ □					
全自动/柔性生产线		□					
		□					
		□					
		□					
		□					
		□					
		□					
年生产能力合计	P1						
	P2						
	P3						
	P4						

注：□表示生产线上无在制品；■表示生产线上有在制品。

生产总监签字：

第四年　用户 _____

3. 原材料采购计划表

生产线类型	产品	上线产品					所需原材料					预订原材料				
		第一季度	第二季度	第三季度	第四季度	下年第一季度	第一季度	第二季度	第三季度	第四季度	下年第一季度	上年第四季度	第一季度	第二季度	第三季度	第四季度
预订原材料合计						R1										
						R2										
						R3										
						R4										

生产总监签字：　　　　　　　　　　　　　　　　　采购总监签字：

第四年　用户＿＿＿＿＿＿

4. 现金预算表

项目	第一季度	第二季度	第三季度	第四季度
期初库存现金				
广告投放				
支付上年应缴税				
支付长期贷款利息				
支付到期的长期贷款				
申请长期贷款				
支付短期贷款本息				
申请短期贷款				
原材料采购支付现金				
购买/租用厂房费用				
新建/在建/转产/变卖生产线				
紧急采购				
开始下一批生产				
应收账款到期收现				
按订单交货收现				
产品研发投资				
厂房出售/退租/租转买				
支付管理费用				
支付租金				
出售库存				
厂房贴现				
应收账款贴现				
违约扣款				
设备维护费用				
市场开拓投资				
ISO 认证投资				
其他				
季末库存现金余额				

财务总监签字：　　　　　　　　　　　　　　　　　　CEO 签字：

第四年 用户 _____

5. 预计综合费用表和预计利润表

项目	预计综合费用金额
管理费	
广告费	
设备维护费	
损失	
转产费	
厂房租金	
新市场开拓费	
ISO 资格认证费	
产品研发费	
其他	
综合费用合计	
项目	预计利润金额
销售收入	
销售成本	
毛利	
综合费用	
折旧前利润	
折旧	
支付利息前利润	
财务费用	
税前利润	
所得税	
年度净利润	
项目	所有者权益金额
股东资本	
利润留存	
年度净利润	
所有者权益合计	

财务总监签字：   CEO 签字：

第四年　用户_____

6. 企业经营记录表（现金流量表）

用户_____　　　　　第___年经营

操作顺序	企业经营流程	每执行完一项操作，由CEO在相应的方格内打钩			
	实物沙盘手工操作流程	电子沙盘系统操作流程	手工记录		
年初	新年度规划会议				
	广告投放	输入广告费并确认			
	支付所得税（25%）	系统自动			
	支付长期贷款利息	系统自动			
	更新长期贷款/长期贷款还款	系统自动			
	参加订货会	选单			
	申请长期贷款	输入贷款数额并确认			
1	季初盘点（请填余额）	产品下线，生产线完工（自动）			
2	更新短期贷款/短期贷款还本付息	系统自动			
3	申请短期贷款	输入贷款数额并确认			
4	原材料入库/更新原材料订单	需要确认金额			
5	下原材料订单	输入并确认			
6	购买/租用厂房	选择并确认，自动扣现金			
7	更新生产/完工入库	系统自动			
8	新建/在建/转产/变卖生产线	选择并确认			
9	紧急采购（随时进行）	随时进行输入并确认			
10	开始下一批生产	选择并确认			
11	更新应收账款/应收账款收现	需要输入到期金额			
12	按订单交货	选择交货订单确认			
13	产品研发投资	选择并确认			

操作顺序	企业经营流程	每执行完一项操作，由 CEO 在相应的方格内打钩			
	实物沙盘手工操作流程	电子沙盘系统操作流程	手工记录		
14	厂房出售（买转租/退租/租转买）	选择确认，自动转应收账款			
15	新市场开拓/ISO 资格认证	仅第四季度允许操作			
16	支付管理费/更新厂房租金	系统自动			
17	出售库存	输入并确认（随时进行）			
18	厂房贴现	随时进行			
19	应收账款贴现	输入并确认（随时进行）			
20	季末收入合计				
21	季末支出合计				
22	季末数额对账 [（1）+（20）−（21）]				
年末	缴纳违约订单罚款（20%）	系统自动			
	支付设备维护费	系统自动			
	计提折旧	系统自动			（　）
	结账				

注：年末计提折旧时，与现金流无关，因此在表中标注（　　）以示区别。

CEO 签字：

第四年　用户_____

7. 企业经营成果表

综合费用表

项目	金额
管理费	
广告费	
设备维护费	
损失	
转产费	
厂房租金	
新市场开拓费	
ISO 资格认证费	
产品研发费	
信息费	
合计	

利润表

项目	金额
销售收入	
销售成本	
毛利	
综合费用	
折旧前利润	
折旧	
支付利息前利润	
财务费用	
税前利润	
所得税	
年度净利润	

资产负债表

项目	金额	项目	金额
货币资金		长期负债	
应收账款		短期负债	
在制品		应缴所得税	
产成品		—	—
原材料		—	—
流动资产合计		负债合计	
厂房		股东资本	
生产线		利润留存	
在建工程		年度净利润	
固定资产合计		所有者权益合计	
资产总计		负债和所有者权益总计	

注：库存折价出售、生产线变卖、紧急采购、订单违约记入损失。

财务总监签字：　　　　　　　　　　　　　　　　　CEO 签字：

第五年运营分析及结果提交表

序号	运营分析及结果提交表目录
1	广告费预算表（营销总监、CEO 签字）
2	生产计划表（生产总监签字）
3	原材料采购计划表（生产总监、采购总监签字）
4	现金预算表（财务总监、CEO 签字）
5	预计综合费用表和预计利润表（财务总监、CEO 签字）
6	企业经营记录表（CEO 签字）
7	企业经营成果表（综合费用表、利润表、资产负债表）（财务总监、CEO 签字）

第五年　用户＿＿＿＿＿＿

1. 广告费预算表

市场	P1	P2	P3	P4	ISO 9000	ISO 14000
本地						
区域						
国内						
亚洲						
国际						
合计						

营销总监签字：　　　　　　　　　　　　　　　　　CEO 签字：

第五年   用户 ＿＿＿＿＿＿＿

2. 生产计划表

生产线类型	产品	年初在制品状态	各季度完成的生产				年生产能力
			第一季度	第二季度	第三季度	第四季度	
手工生产线		□ □ □					
		□ □ □					
		□ □ □					
		□ □ □					
半自动生产线		□ □					
		□ □					
全自动/柔性生产线		□					
		□					
		□					
		□					
		□					
		□					
		□					
		□					
年生产能力合计	P1						
	P2						
	P3						
	P4						

注：□表示生产线上无在制品；■表示生产线上有在制品。

生产总监签字：

第五年　用户_____

3. 原材料采购计划表

生产线类型	产品	上线产品					所需原材料					预订原材料				
		第一季度	第二季度	第三季度	第四季度	下年第一季度	第一季度	第二季度	第三季度	第四季度	下年第一季度	上年第四季度	第一季度	第二季度	第三季度	第四季度
预订原材料合计						R1										
						R2										
						R3										
						R4										

生产总监签字：　　　　　　　　　　　　　　采购总监签字：

第五年　用户＿＿＿＿＿＿＿

4. 现金预算表

项目	第一季度	第二季度	第三季度	第四季度
期初库存现金				
广告投放				
支付上年应缴税				
支付长期贷款利息				
支付到期的长期贷款				
申请长期贷款				
支付短期贷款本息				
申请短期贷款				
原材料采购支付现金				
购买/租用厂房费用				
新建/在建/转产/变卖生产线				
紧急采购				
开始下一批生产				
应收账款到期收现				
按订单交货收现				
产品研发投资				
厂房出售/退租/租转买				
支付管理费用				
支付租金				
出售库存				
厂房贴现				
应收账款贴现				
违约扣款				
设备维护费用				
市场开拓投资				
ISO 认证投资				
其他				
季末库存现金余额				

财务总监签字：　　　　　　　　　　　　　　　　　　CEO 签字：

第五年　用户_____

5. 预计综合费用表和预计利润表

项目	预计综合费用金额
管理费	
广告费	
设备维护费	
损失	
转产费	
厂房租金	
新市场开拓费	
ISO 资格认证费	
产品研发费	
其他	
综合费用合计	
项目	预计利润金额
销售收入	
销售成本	
毛利	
综合费用	
折旧前利润	
折旧	
支付利息前利润	
财务费用	
税前利润	
所得税	
年度净利润	
项目	所有者权益金额
股东资本	
利润留存	
年度净利润	
所有者权益合计	

财务总监签字：　　　　　　　　　　　　　　　CEO 签字：

第五年　用户_____

6. 企业经营记录表（现金流量表）

用户_____　　　　　第___年经营

操作顺序	企业经营流程	每执行完一项操作，由CEO在相应的方格内打钩				
	实物沙盘手工操作流程	电子沙盘系统操作流程	手工记录			
年初	新年度规划会议					
	广告投放	输入广告费并确认				
	支付所得税（25%）	系统自动				
	支付长期贷款利息	系统自动				
	更新长期贷款/长期贷款还款	系统自动				
	参加订货会	选单				
	申请长期贷款	输入贷款数额并确认				
1	季初盘点（请填余额）	产品下线，生产线完工（自动）				
2	更新短期贷款/短期贷款还本付息	系统自动				
3	申请短期贷款	输入贷款数额并确认				
4	原材料入库/更新原材料订单	需要确认金额				
5	下原材料订单	输入并确认				
6	购买/租用厂房	选择并确认，自动扣现金				
7	更新生产/完工入库	系统自动				
8	新建/在建/转产/变卖生产线	选择并确认				
9	紧急采购（随时进行）	随时进行输入并确认				
10	开始下一批生产	选择并确认				
11	更新应收账款/应收账款收现	需要输入到期金额				
12	按订单交货	选择交货订单确认				
13	产品研发投资	选择并确认				

续表

操作顺序	企业经营流程	每执行完一项操作，由 CEO 在相应的方格内打钩				
	实物沙盘手工操作流程	电子沙盘系统操作流程	手工记录			
14	厂房出售（买转租/退租/租转买）	选择确认，自动转应收账款				
15	新市场开拓/ISO 资格认证	仅第四季度允许操作				
16	支付管理费/更新厂房租金	系统自动				
17	出售库存	输入并确认（随时进行）				
18	厂房贴现	随时进行				
19	应收账款贴现	输入并确认（随时进行）				
20	季末收入合计					
21	季末支出合计					
22	季末数额对账〔(1)+(20)-(21)〕					
年末	缴纳违约订单罚款（20%）	系统自动				
	支付设备维护费	系统自动				
	计提折旧	系统自动				（ ）
	结账					

注：年末计提折旧时，与现金流无关，因此在表中标注（　）以示区别。

CEO 签字：

第五年　用户＿＿＿＿＿＿＿

7. 企业经营成果表

综合费用表

项目	金额
管理费	
广告费	
设备维护费	
损失	
转产费	
厂房租金	
新市场开拓费	
ISO 资格认证费	
产品研发费	
信息费	
合计	

利润表

项目	金额
销售收入	
销售成本	
毛利	
综合费用	
折旧前利润	
折旧	
支付利息前利润	
财务费用	
税前利润	
所得税	
年度净利润	

资产负债表

项目	金额	项目	金额
货币资金		长期负债	
应收账款		短期负债	
在制品		应缴所得税	
产成品		—	—
原材料		—	—
流动资产合计		负债合计	
厂房		股东资本	
生产线		利润留存	
在建工程		年度净利润	
固定资产合计		所有者权益合计	
资产总计		负债和所有者权益总计	

注：库存折价出售、生产线变卖、紧急采购、订单违约记入损失。

财务总监签字：　　　　　　　　　　　　　　　　　CEO 签字：

第六年运营分析及结果提交表

序号	运营分析及结果提交表目录
1	广告费预算表（营销总监、CEO 签字）
2	生产计划表（生产总监签字）
3	原材料采购计划表（生产总监、采购总监签字）
4	现金预算表（财务总监、CEO 签字）
5	预计综合费用表和预计利润表（财务总监、CEO 签字）
6	企业经营记录表（CEO 签字）
7	企业经营成果表（综合费用表、利润表、资产负债表）（财务总监、CEO 签字）

第六年　用户＿＿＿＿＿＿

1. 广告费预算表

市场	P1	P2	P3	P4	ISO 9000	ISO 14000
本地						
区域						
国内						
亚洲						
国际						
合计						

营销总监签字：　　　　　　　　　　　　　　　　CEO 签字：

第六年 用户 _____

2. 生产计划表

生产线类型	产品	年初在制品状态	各季度完成的生产				年生产能力
			第一季度	第二季度	第三季度	第四季度	
手工生产线		□ □ □					
		□ □ □					
		□ □ □					
		□ □ □					
半自动生产线		□ □					
		□ □					
全自动/柔性生产线		□					
		□					
		□					
		□					
		□					
		□					
		□					
		□					
		□					
年生产能力合计	P1						
	P2						
	P3						
	P4						

注：□表示生产线上无在制品；■表示生产线上有在制品。

生产总监签字：

第六年　用户_____

3. 原材料采购计划表

生产线类型	产品	上线产品					所需原材料					预订原材料				
		第一季度	第二季度	第三季度	第四季度	下年第一季度	第一季度	第二季度	第三季度	第四季度	下年第一季度	上年第四季度	第一季度	第二季度	第三季度	第四季度
预订原材料合计						R1										
						R2										
						R3										
						R4										

生产总监签字：　　　　　　　　　　　　　　采购总监签字：

第六年　用户＿＿＿＿＿

4. 现金预算表

项目	第一季度	第二季度	第三季度	第四季度
期初库存现金				
广告投放				
支付上年应缴税				
支付长期贷款利息				
支付到期的长期贷款				
申请长期贷款				
支付短期贷款本息				
申请短期贷款				
原材料采购支付现金				
购买/租用厂房费用				
新建/在建/转产/变卖生产线				
紧急采购				
开始下一批生产				
应收账款到期收现				
按订单交货收现				
产品研发投资				
厂房出售/退租/租转买				
支付管理费用				
支付租金				
出售库存				
厂房贴现				
应收账款贴现				
违约扣款				
设备维护费用				
市场开拓投资				
ISO 认证投资				
其他				
季末库存现金余额				

财务总监签字：　　　　　　　　　　　　　　　CEO 签字：

第六年 用户_____

5. 预计综合费用表和预计利润表

项目	预计综合费用金额
管理费	
广告费	
设备维护费	
损失	
转产费	
厂房租金	
新市场开拓费	
ISO 资格认证费	
产品研发费	
其他	
综合费用合计	
项目	预计利润金额
销售收入	
销售成本	
毛利	
综合费用	
折旧前利润	
折旧	
支付利息前利润	
财务费用	
税前利润	
所得税	
年度净利润	
项目	所有者权益金额
股东资本	
利润留存	
年度净利润	
所有者权益合计	

财务总监签字： CEO 签字：

第六年　用户_____

6. 企业经营记录表（现金流量表）

用户_____　　　　第___年经营

操作顺序	企业经营流程	每执行完一项操作，由 CEO 在相应的方格内打钩		手工记录			
	实物沙盘手工操作流程	电子沙盘系统操作流程					
年初	新年度规划会议						
	广告投放	输入广告费并确认					
	支付所得税（25%）	系统自动					
	支付长期贷款利息	系统自动					
	更新长期贷款/长期贷款还款	系统自动					
	参加订货会	选单					
	申请长期贷款	输入贷款数额并确认					
1	季初盘点（请填余额）	产品下线，生产线完工（自动）					
2	更新短期贷款/短期贷款还本付息	系统自动					
3	申请短期贷款	输入贷款数额并确认					
4	原材料入库/更新原材料订单	需要确认金额					
5	下原材料订单	输入并确认					
6	购买/租用厂房	选择并确认，自动扣现金					
7	更新生产/完工入库	系统自动					
8	新建/在建/转产/变卖生产线	选择并确认					
9	紧急采购（随时进行）	随时进行输入并确认					
10	开始下一批生产	选择并确认					
11	更新应收账款/应收账款收现	需要输入到期金额					
12	按订单交货	选择交货订单确认					
13	产品研发投资	选择并确认					

操作顺序	企业经营流程	每执行完一项操作，由 CEO 在相应的方格内打钩			
	实物沙盘手工操作流程	电子沙盘系统操作流程	手工记录		
14	厂房出售（买转租/退租/租转买）	选择确认，自动转应收账款			
15	新市场开拓/ISO 资格认证	仅第四季度允许操作			
16	支付管理费/更新厂房租金	系统自动			
17	出售库存	输入并确认（随时进行）			
18	厂房贴现	随时进行			
19	应收账款贴现	输入并确认（随时进行）			
20	季末收入合计				
21	季末支出合计				
22	季末数额对账［（1）+（20）-（21）］				
年末	缴纳违约订单罚款（20%）	系统自动			
	支付设备维护费	系统自动			
	计提折旧	系统自动			（　）
	结账				

注：年末计提折旧时，与现金流无关，因此在表中标注（　　）以示区别。

CEO 签字：

第六年　用户＿＿＿＿＿＿

7. 企业经营成果表

综合费用表

项目	金额
管理费	
广告费	
设备维护费	
损失	
转产费	
厂房租金	
新市场开拓费	
ISO 资格认证费	
产品研发费	
信息费	
合计	

利润表

项目	金额
销售收入	
销售成本	
毛利	
综合费用	
折旧前利润	
折旧	
支付利息前利润	
财务费用	
税前利润	
所得税	
年度净利润	

资产负债表

项目	金额	项目	金额
货币资金		长期负债	
应收账款		短期负债	
在制品		应缴所得税	
产成品		—	—
原材料		—	—
流动资产合计		负债合计	
厂房		股东资本	
生产线		利润留存	
在建工程		年度净利润	
固定资产合计		所有者权益合计	
资产总计		负债和所有者权益总计	

注：库存折价出售、生产线变卖、紧急采购、订单违约记入损失。

财务总监签字：　　　　　　　　　　　　　　　　　、CEO 签字：

第二篇

会计信息化综合实训

第七章 会计信息化概述

Chapter 7

一 信息时代会计面临的机遇和挑战

我们所处的时代是一个信息时代，信息技术成为促进社会经济发展的重要力量。2006 年中共中央办公厅、国务院办公厅发布的《2006~2020 年国家信息化发展战略》提出，大力推进信息化是当今世界发展的大趋势，是推动经济社会变革的重要力量。大力推进信息化发展，已成为中国经济社会发展新阶段的重要而紧迫的战略任务。党的十六大进一步做出了以信息化带动工业化、以工业化促进信息化、走新型工业化道路的战略部署。胡锦涛总书记在党的十七大报告中强调指出，要全面认识信息化深入发展的新形势、新任务。

会计信息化是我国信息化战略的有机组成部分。在信息技术时代背景下，只有与先进的信息技术手段相结合，才能充分发挥会计的管理职能，才能拓展会计的信息功能，才能实现会计信息决策的有用目标，才能提升会计在企事业单位和经济社会中的重要地位。

计算机应用于会计领域必将对会计学科及职业产生深远的影响，人们称计算机会计信息系统的产生是继原始社会的结绳记事、封建社会早期的簿记以及欧洲文艺复兴时期的复式记账法后会计史上的第四次革命。毕马威会计公司 B. Elliott 在 1992 年 *Accounting Horizons* 杂志上发表的 *The Third Wave Breaks the Shores of Accounting* 一文中总结道："信息技术引起的变革浪潮也在冲撞着会计的海岸线，20 世纪 70 年代，它彻底冲击了工业界，80 年代它又洗涤了服务业，而到了 90 年代，会计界将接受它的洗礼。"利哈伊大学教授 James A. Hall 在 1998 年出版的《会计信息系统》一书中指出，"会计职能应该从强调复式分录和通用会计原则转变为向决策提供有用信息和帮助组织识别和控制业务风险"。AICPA 主席 Robert Mednick 在 *Our Profession in the Year 2000* 一文中指出，"如果会计行业不按照 IT 技术重新塑造自己的话，它将有可能被推到一边，甚至被另一个行业，即对提供信息、分析、鉴证、服务有着更加创新视角的行业所代替"。

我国会计界从 20 世纪 80 年代开始进行会计信息化的探索，会计信息化经历了 80 年代会计电算化的试点尝试，到 90 年代的国内商品化会计软件大量涌现，再到 21 世纪初会计软件从核算型到管理型的转型和具有国际竞争力的会计软件公司的出现，近年来会计信息化的发展又进入了一个新的阶段，这个阶段具有以下特点：内嵌于企业资源规划（ERP）系统中，与业务高度集成共享信息；所有数据直接来自基础业务信息，又将财务计划和控制功能集成到整个供应链上；会计的核算、控制、决策支持功能发挥得淋漓尽致；采用全新的管理理念和现代化的技术；具有与业务流程重组（BPR）有机结合的信息集成系统。随着信息技术的革命和会计学科的发展，会计信息系统的功能不断丰富，它涵盖供、产、销、人、财、物及决策分析等企业经济活动的各个领域。

在国家大力推进企业信息化的形势下，会计信息化工作必将迎来一个好的发展阶段。财政部会计司抓住时机，于 2009 年 1 月 7 日发布了《关于推进我国会计信息化工作的指导意见》，提出了推进我国会计信息化建设的指导思想和发展目标，力争通过5~10年的努力，积极推进以"健全一个体系、建立一个平台、形成一套标准、打造一支队伍、培育一个产业"为主要任务的会计信息化建设。"一个体系"是指建立一个政府规划管理并组织推动、单位主动参与并具体实施、社会积极响应并配合支持，职责清晰、分工明确、相互促进、共同提高的会计信息化管理体系；"一个平台"是指构建一个以单位提供标准化会计信息为基础，投资者、监管部门、中介机构和社会公众等方便高效利用信息的综合会计信息平台；"一套标准"是指一套以 XBRL 国家分类标准为重要组成部分，囊括会计信息生成、加工、储存、传输与利用的会计信息技术标准体系；"一支队伍"是指一支熟悉国际规则，掌握企业管理、信息技术和会计业务的复合型会计信息化人才队伍；"一个产业"是指一个为相关单位提供软硬件产品、技术服务和咨询服务，服务质量上乘、社会声誉良好、发展前景广阔的会计信息化服务产业。

二 会计信息化的内容

(一) 会计信息系统的概念

随着会计信息化的不断发展，其涵盖的内容也在不断扩充。关于会计信息化的概念，目前在国内外有以下几种观点：①会计信息系统是利用信息技术对会计信息进行采集、存储、传输和处理，完成会计核算任务，并进行会计管理、分析、决策的辅助信息系统；②会计信息系统是管理信息系统的一个子系统，是专门用于企事业单位处理会计业务，收集、存储、传输和加工各种会计数据，输出会计信息，并将其反馈给各有关部门，为企业的经营活动和决策活动提供帮助，为投资人、债权人、政府部门提供财务信息的系统；③会计信息系统是对人和设备等资源进行整合，目的在于将财务数据和其他数据转化为信息，这些信息将发送给各类决策者。虽然各种观点有一些差异，但是基本涵盖以下几个方面的内容：采用现代信息技术；对财务数据和非财务数据进行收集、加工、传输，进行财务与业务的一体化处理；能够准确高效地完成会计核算；能够实行财务分析、预测、决策和控制等管理活动。

（二）会计信息系统的结构

会计信息化是在企业信息化的平台上实现的，并与企业 ERP 不断融合。图 7 - 1 说明了 ERP 系统中会计信息系统与其他系统的关系。

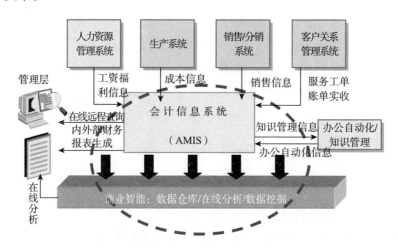

图 7 - 1　会计信息系统与其他系统的关系

ERP 系统是有关信息流、现金流和物流的统一，其中的会计信息系统是对有关现金流的核算。各个子系统之间存在数据传递关系，在 ERP 系统中，企业的财务流程与业务流程相融合，建立起财务与业务一体化的核算和管理模式，实现经济活动信息数出一门、各个系统共享，实现企业内部财务与业务的协同。财务与业务一体化的核算和管理模式基于会计信息与业务信息的集成，并采用财务方法对业务过程进行事中控制。

我国目前市场占有率最高的 ERP 软件是用友 ERP 软件。用友

ERP－U8 总体功能结构见图 7－2。

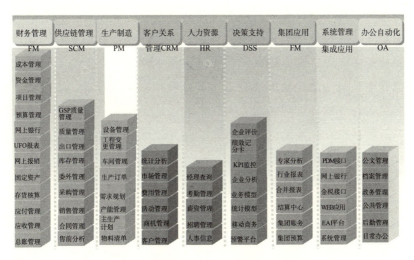

图 7－2 用友 ERP－U8 总体功能结构

（三）会计信息化的内容

会计信息化包括两部分内容：会计核算的信息化和会计管理的信息化。

1. 会计核算的信息化

会计核算的信息化是指经济业务发生后，在企业信息化平台上记录、核算、反映和分析资金在企业经济活动中的变动过程及结果，一般包括总账系统、应收款管理系统、应付款管理系统、固定资产管理系统、存货核算系统等。

（1）总账系统

总账系统是会计核算信息化中最重要的系统，总账子系统是从经济业务流程中采集数据，将收集的原始凭证按照一定的原则生成记账凭证，并审核记账凭证，然后对其进行分类汇总，将结果保存在各类账簿中，以账簿、记账凭证为依据，编制内部和外部所需的报表。

（2）应收款管理系统

应收款管理系统主要用于核算和管理客户往来款项，从不同的角度对应收款项进行分析、决策，加强应收账款的管理，促进企业扩大销售、提高应收账款投资收益、减少坏账损失等。应收款管理系统一般包括发票管理、客户管理、收款管理、账龄分析等功能，与销售管理系统、库存管理系统、存货核算系统、总账系统等存在数据传递关系。相关的业务处理后会自动生成业务核算凭证并传递到总账系统中。

（3）应付款管理系统

应付款管理系统主要用于核算和管理供应商往来款项，加强应付账款的管理，使企业及时、准确地反映采购订单、采购入库、采购发票的情况，反映和监督采购交易过程中资金支出和应付情况，跟踪应付账款的到期日，及时付款。应付款管理系统一般包括发票管理、供应商管理、付款管理、账龄分析等功能，与采购管理系统、库存管理系统、存货核算系统、总账系统等存在数据传递关系。相关的业务处理后会自动生成业务核算凭证并传递到总账系统中。

（4）固定资产管理系统

固定资产价值越高，在企业总资产中所占的比重就越高。加强固定资产的管理，提高资产的利用效率，对于增加产品产量、提高产品质量、降低产品成本具有重要意义。固定资产管理系统一般包括固定资产的增加、减少、内部调动以及固定资产计提折旧等功能。相关的业务处理后会自动生成业务核算凭证并传递到总账系统中。

（5）存货核算系统

存货核算系统与采购管理系统、销售管理系统、应收款管理系统、应付款管理系统、库存管理系统及总账系统紧密相关，需要正确地核算存货出入库的数量和成本。存货核算系统与采购管理系统、销售管理系统、应收款管理系统、应付款管理系统、库存管理系统和总账系统存在数据传递关系。相关的业务处理后会自动生成业务核算凭证并传递到总账系统中。

2. 会计管理的信息化

会计管理的信息化是在信息化条件下进一步强化会计参与控制、预测和决策的职能。

（1）全面预算与控制

在企业会计信息化平台中，预算管理与控制是强化会计事前预测、事中控制的非常重要的环节。全面预算与控制一般包括预算的编制、审批、执行与控制以及预算执行结果分析等内容。预算信息与核算信息集成，在业务开展的同时，通过审批流和预警平台实现业务的实时控制。

（2）资金运营与监管

资金是企业的"血液"与"氧气"，加强资金的控制和管理，是非常重要的财务管理内容。资金运营与监管一般包括资金预测、资金计划与付款管理、信用与收款管理、内部资金往来、网上银行等功能。

（3）全面成本核算与管理

全面成本核算与管理就是在加强产品的生产成本核算和管理之外，在产品快速更新、客户至上的今天，重视产品的研发成本、顾客的维修成本以及库存成本、销售成本等其他成本的核算和管理。

（4）管理决策报告

企业在经营的过程中要进行各种决策活动，管理决策报告的作用就是为企业的各级管理者提供有力的经营监控工具和丰富的决策支持信息。管理决策报告一般包括日常管理报告、财务分析及决策报告、业绩评价报告。日常管理报告主要是向各级管理者提供各类管理信息，使管理者了解业务进展情况、业务发展趋势等信息；财务分析及决策报告是指企业进行各种财务分析，并对投资、融资等财务活动进行决策的报告；业绩评价报告主要是评价企业实施战略的情况，为企业提供综合、全面的业绩评价信息。

三 会计信息化的 IT 架构

会计信息化以企业信息化为平台，通过配置硬件资源、软件资源，选择 B/S 或 C/S 应用体系结构进行业务与财务的协同，实现会计信息化目标（见图 7 - 3）。

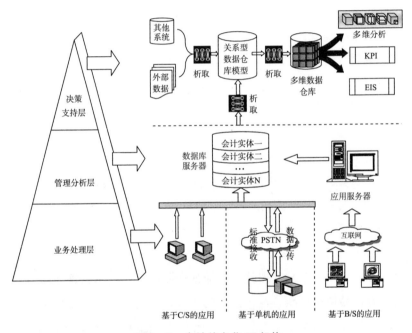

图 7 - 3 会计信息化 IT 架构

（一）C/S 结构

C/S 结构见图 7 - 4。

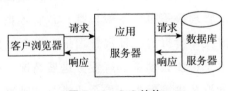

图 7 - 4 C/S 结构

硬件环境。一个局域网或一般网络，选择一台或多台处理能力较强的计算机作为服务器。

服务器。一般包括应用服务器和数据服务器，其中应用服务器存放应用软件，数据服务器存放共享的数据及其数据库管理系统（数据的增、删、改、查询、统计及多用户并发管理等）。

客户终端。存放应用系统输入/输出界面操作。

（二）B/S 结构

三层 C/S 结构，如果客户端采用 Internet 浏览器，后台增加 Internet 服务器，便成为 B/S 结构（见图 7－5）。

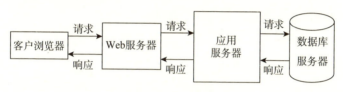

图 7－5　B/S 结构

其中，Web 客户端是 Web 浏览器，如 Microsoft Internet Explorer。应用服务器是对 Web 服务器功能的一种扩展，负责权限、组件、事务、数据库链接等管理。最终用户可以通过 Web 浏览器发出请求，通过 HTTP 协议与 Web 服务器进行通信。如果是数据请求，则 Web 服务器（应用服务器）与数据库服务器通信，将返回的数据构造成浏览器页面返回给用户。财务人员通过 Internet 进行远程登录，执行应用程序，进行相应的业务处理和会计核算。

B/S 结构在目前的应用体系结构中具有成本低、实施速度快、维护容易等特点，支持分布在世界各地的客户端进行业务输入、输出和处理请求，并通过点对点的通信方式把信息实时传递到服务器，实现数据实时处理。而且 B/S 结构支持协同商务集中管理模式，企业集团可以将全部数据集中存储在总部数据库服务器中，实现数据共享，同时能够及时掌控整个集团的运营和决策。

四 会计信息系统内部控制

2010 年 4 月 26 日，财政部、证监会、审计署、银监会、保监会联合发布了《企业内部控制配套指引》。该配套指引中的《企业内部控制应用指引第 18 号——信息系统》指出，企业利用信息系统实施内部控制要关注下列风险：①信息系统缺乏或规划不合理，可能造成信息孤岛或重复建设，导致企业经营管理效率低下；②系统开发不符合内部控制要求或授权管理不当，可能导致无法利用信息技术实施有效控制；③系统运行维护和安全措施不到位，可能导致信息泄露或毁损，使系统无法正常运行。

针对信息系统面临的风险，信息系统的内部控制应用指引应当结合组织架构、业务范围、地域分布、技术能力等因素，制定信息系统建设整体规划，加大投入力度，有序组织信息系统的开发、运行与维护，优化管理流程，防范经营风险。一是企业应当根据信息系统建设整体规划提出项目建设方案，明确建设目标、人员配备、职责分工、经费保障和进度安排等相关内容，按照规定的权限和程序经审批后实施。二是企业开发信息系统，应当将生产经营管理业务流程、关键控制点和处理规则嵌入系统程序，实现手工环境下难以实现的控制功能。三是企业应当加强信息系统开发全过程的跟踪管理，组织开发单位与内部各单位进行日常沟通，督促开发单位按时保质完成编程工作，对配备的硬件设备和系统软件进行检查并验收，组织系统上线运行，等等。企业还应当组织独立于开发单位的专业人员对开发完成的信息系统进行验收测试，并做好信息系统上线的各项准备工作。四是企业应当加强信息系统运行与维护的管理，制定信息系统工作程序、信息管理制度以及各模块子系统的具体操作规范，及时跟踪、发现和解决系统运行中存在的问题，确保信息系统按照规定的程序、制度和操作规范持续稳定运行。五是企业应当重视信息系统运行中的安全保密工作，确定信息系统的安全等级，建立不同等级信息的授权使用制度、用户管理制度和网络安全制度，并定期对数据进行备份，避免造成损失。对于服务器等关键信息设备，未经授权，任何人不得接触。

第八章 会计信息化实训

企业信息化的目标是信息流、资金流与物流的整合。会计信息化专注于资金流动,以货币作为统一的尺度,反映企业资源运动的价值信息,为企业资源的优化配置提供重要的信息支持。全面推进会计信息化工作,是贯彻落实国家信息化发展战略的重要举措,对于全面提升我国会计工作水平具有十分重要的意义。2009 年财政部发布的《关于推进我国会计信息化工作的指导意见》明确提出大力推进会计信息化工程是我国会计界接下来一段时间重点要做的工作之一,提出了会计信息化的发展目标、总体任务、系统构成、职责分工和有关工作要求。该指导意见特别强调全面推进会计信息化工作,人才是关键,提出要利用学历教育等方式加强、加快会计信息化人才的培养。作为理论研究和人才培养基地的高等学校责无旁贷,加快培养适应会计信息化发展需要的人才,必须加快相关课程的改革。"会计信息化综合实训"就是改革创新的课程之一。

"会计信息化综合实训"以"企业经营模拟"为基础,通过学习,学生对模拟企业的经营过程和经营决策内容已有很好的掌握,在此基础上,我们对该经营企业实施会计信息化。会计信息化实施的平台是用友 ERP - U8 管理软件平台。

利用 ERP – U8 管理软件中的总账管理、UFO 报表、固定资产管理、应收款管理、应付款管理，以及供应链管理中的采购管理、销售管理、库存管理、存货核算等系统，实现业务系统与财务系统的协同处理。在业务发生的同时，自动生成财务数据，企业管理者实时分析财务数据并进行预测、决策和控制活动。

本课程很好地将企业经营和企业会计信息化有机地结合起来。企业边经营边进行会计信息化平台的搭建，利用会计信息化平台进行业务核算，利用业务核算结果，实时有效地控制企业的经营活动。在会计信息化平台上，可以实时地自动生成企业所需的各种财务信息，根据信息分析判断企业的经营情况、市场情况、竞争对手情况等，做出企业下一步的经营决策和经营预测。

第九章 企业会计信息化平台的搭建

会计信息化的实施，首先就要利用学校实验中心的局域网和用友 ERP – U8 管理软件，搭建企业会计信息化平台。

以小组为单位，成立企业，在电子沙盘上运营，企业在会计信息化平台上实现会计的信息化。

一 增加用户

在电子沙盘上，以小组为单位注册成立企业，登记相关信息（见图 9 – 1）。

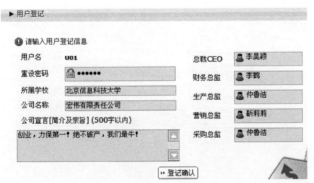

图 9 – 1 电子沙盘用户登记界面

在会计信息化平台上建立账套、设置操作员并赋予操作员权限。

步骤	系统管理⇨admin 登录⇨增加用户⇨设置权限

以系统管理员身份登录系统界面见图 9 - 2。

图 9 - 2　以系统管理员身份登录系统界面

设置操作员角色分工及权限见表 9 - 1。

表 9 - 1　会计信息化角色分工及权限

企业运营角色	会计信息化角色	信息化权限设置
企业信息化主管	系统管理员	①操作员及权限设置；②建立账套；③保障系统的安全运行；④数据的备份及上机日志
总经理	账套主管	①建立会计信息化启用的系统；②确定企业会计信息化流程；③确定各个系统的核算规则
财务经理	财务总监	①凭证审核；②记账；③结账；④提交财务报表；⑤进行财务分析；⑥提交下期预测报表
会计	会计主管	①期初余额录入；②凭证录入；③应收系统核算；④应付系统核算；⑤存货系统核算；⑥固定资产管理系统核算
出纳	出纳	①出纳签字；②支票管理；③查询现金和银行存款日记账
采购经理	采购主管	采购管理系统核算
销售经理	销售主管	销售管理系统核算
生产经理	仓库主管	库存系统核算

注：在课程设计中，将操作员换成各组成员的姓名，编号由各组自行定义。每人可以身兼数职，但是要保证不相容的职务不能由一人担任，要求事事有人管，责任到人。

图 9 – 3 为增加操作员和对操作员赋予权限的界面。

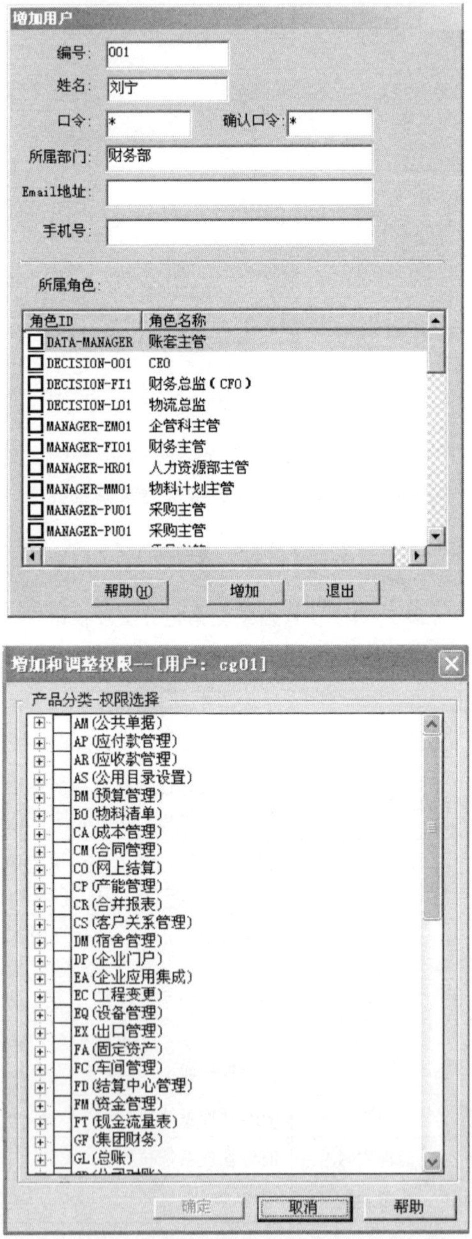

图 9 – 3　增加操作员和对操作员赋予权限界面

二　建立账套

步骤	系统管理⇨admin 登录⇨新建账套

在电子沙盘上设立好企业后，在会计信息化平台上建立账套。账套信息见表 9 - 2。

表 9 - 2　建立账套资料

建账栏目	建账信息
账套启用会计期	××××年××月
企业类型：工业	行业性质：2007 年新会计制度科目
账套主管	本企业 CEO
分类	客户、供应商不分类；存货分类
编码方案	自行定义
建账时不进行系统启用操作	

在会计信息化平台上，根据账套信息创建账套（见图 9 - 4）。

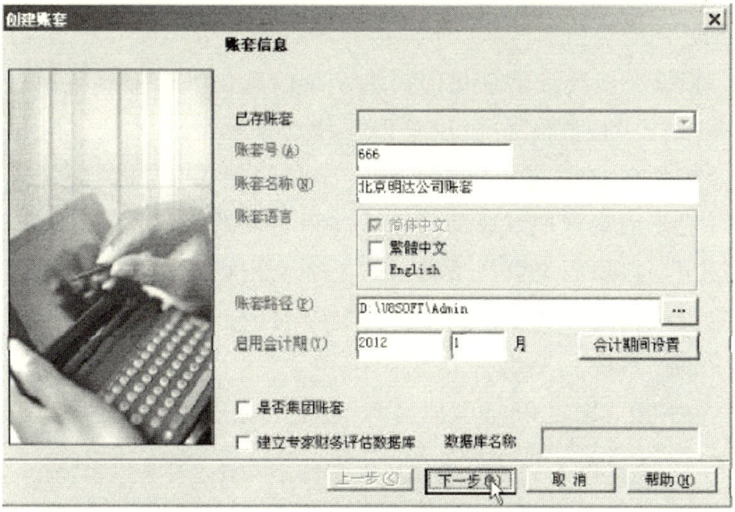

图 9 - 4　创建账套

第十章 企业会计信息化初始设置

在搭建的会计信息化平台上，首先要进行企业会计信息化的初始设置。根据电子沙盘中模拟企业的基本情况，会计信息化初始设置包括系统启用、基础档案设置、各个子系统期初设置和期初余额设置。

一 系统启用

根据企业会计信息化的需求，在信息化平台上要启用各个子系统。一般在年初启用总账系统、采购管理系统、应付系统、销售管理系统、应收系统、库存管理系统和存货管理系统。对于固定资产系统的启用，如果企业购买厂房，则在购买厂房当期启用固定资产系统；如果企业租用厂房，当期不启用固定资产系统。对于生产线，需要等到生产线建成的当期启用固定资产系统。

在用友 ERP – U8 企业应用平台上进行系统启用。

步骤	账套主管⇨企业应用平台⇨设置⇨基本信息⇨系统启用

启用系统界面见图 10 – 1。

图 10 – 1 启用系统

二 基础档案设置

| 步骤 | 企业应用平台⇨设置⇨基础档案 |

在用友 ERP – U8 企业应用平台上进行各种基础档案的设置
(见图 10 – 2)。

图 10 – 2 基础档案设置

1. 部门档案

部门档案见表 10 – 1。

表 10 – 1 部门档案

部门编码	部门名称
01	总经理办公室
02	财务部
03	采购部
04	销售部
05	生产部

2. 人员档案

人员档案见表 10 – 2。

表 10 – 2 人员档案

人员编码	人员名称	部门	人员类别	是否为业务员
自编	总经理	总经理办公室	在职人员	是
自编	财务经理	财务部	在职人员	是
自编	会计	财务部	在职人员	是
自编	出纳	财务部	在职人员	是
自编	采购经理	采购部	在职人员	是
自编	销售经理	销售部	在职人员	是
自编	生产经理	生产部	在职人员	是

3. 客户档案

客户档案见表 10 – 3。

表 10 – 3 客户档案

客户编号	客户名称	主管部门名称	主管业务员
自编	本地客户	销售部	销售经理
自编	区域客户	销售部	销售经理

续表

客户编号	客户名称	主管部门名称	主管业务员
自编	国内客户	销售部	销售经理
自编	亚洲客户	销售部	销售经理
自编	国际客户	销售部	销售经理

4. 供应商档案

供应商档案见表10-4。

表10-4　供应商档案

供应商编号	供应商名称	主管部门名称	主管业务员
自编	原材料供应商	采购部	采购经理

5. 存货分类

存货分类见表10-5。

表10-5　存货分类

存货分类编号	存货分类名称
01	原材料
02	产成品

6. 计量单位

建立计量单位组：无换算率。

统一使用计量单位：个。

7. 存货档案

存货档案见表10-6。

表10-6　存货档案

存货编号	存货名称	所属分类	计量单位	存货属性	供货商	业务员
01001	R1	原材料	个	外购、生产耗用、销售	原材料供应商	采购经理

存货编号	存货名称	所属分类	计量单位	存货属性	供货商	业务员
01002	R2	原材料	个	外购、生产耗用、销售	原材料供应商	采购经理
01003	R3	原材料	个	外购、生产耗用、销售	原材料供应商	采购经理
01004	R4	原材料	个	外购、生产耗用、销售	原材料供应商	采购经理
02001	P1	产成品	个	外购、销售、自制		
02002	P2	产成品	个	外购、销售、自制		
02003	P3	产成品	个	外购、销售、自制		
02004	P4	产成品	个	外购、销售、自制		

8. 凭证类别

设置单一"记账凭证"类别或"收、付、转凭证"类别。

9. 会计科目

总账科目采用 2007 年新会计制度科目进行核算，明细科目按表 10－7 进行设置。各企业还可以自行增删，以满足需要。

表 10－7　会计科目

科目编码	科目名称	辅助账类型
1122	应收账款	客户往来，受控于应收系统
1403	原材料	
140301	R1	数量核算
140302	R2	数量核算
140303	R3	数量核算
140304	R4	数量核算

续表

科目编码	科目名称	辅助账类型
1405	产成品	
140501	P1	数量核算
140502	P2	数量核算
140503	P3	数量核算
140504	P4	数量核算
2202	应付账款	供应商往来，受控于应付系统
5001	生产成本	
500101	材料费	项目核算
500102	加工费	项目核算
6001	主营业务收入	项目核算
6401	主营业务成本	项目核算
6601	销售费用	
660101	广告费	项目核算
660102	市场开拓费	
66010201	本地市场	
66010202	区域市场	
66010203	国内市场	
66010204	亚洲市场	
66010205	国际市场	
6602	管理费用	
660201	行政费	
660202	租金	
660203	设备维护费	项目核算
660204	折旧费	项目核算
660205	研发费	项目核算
660206	ISO 认证费	
66020601	ISO 9000	
66020602	ISO 14000	

续表

科目编码	科目名称	辅助账类型
660207	转产费用	
660208	罚款	项目核算
660209	其他	
6603	财务费用	
660301	利息支出	
66030101	长期贷款利息支出	
66030102	短期贷款利息支出	
66030103	贴现利息支出	
660302	利息收入	

注：要进行指定科目设置，包括现金总账科目、银行总账科目和现金流量科目。

10. 项目档案

为了对 P 系列产品进行独立的盈亏核算，应建立"产品"项目档案，将所有"项目核算"的科目指定为该项目大类的核算科目（见表 10 - 8）。

表 10 - 8　项目档案

项目大类	产品
核算科目	500101 材料费 500102 加工费 6001 主营业务收入 6401 主营业务成本 660101 广告费 660203 设备维护费 660204 折旧费 660205 研发费 660209 其他
项目分类	1. 自产 2. 紧急采购

项目大类	产品
项目名称	101 P1 产品（所属分类：1） 102 P2 产品（所属分类：1） 103 P3 产品（所属分类：1） 104 P4 产品（所属分类：1）

11. 结算方式

结算方式为现金结算和转账支票结算（不进行票据管理）。

12. 仓库档案

仓库档案见表 10 - 9。

表 10 - 9 仓库档案

仓库编码	仓库名称	计价方法
1	原材料库	先进先出法
2	产成品库	先进先出法

13. 收发类别

收发类别见表 10 - 10。

表 10 - 10 收发类别

编 码	收发类别名称	收发标志
1	入库	收
11	采购入库	收
12	产成品入库	收
13	盘盈入库	收
19	其他入库	收
2	出库	发
21	销售出库	发
22	原材料出库	发
23	盘亏出库	发
29	其他出库	发

14. 采购类型、销售类型

采购类型设置为"普通采购"，销售类型设置为"普通销售"。

三　各个子系统期初设置

各个子系统期初设置要根据企业的实际情况自行设置。进入各个子系统，分别进行各个子系统的期初设置。

1. 应收应付系统期初设置

应收款基本科目设置：应收科目设为应收账款，销售收入科目设为主营业务收入。应收款结算方式科目设置：现金结算设为库存现金，转账支票设为银行存款。

应付款基本科目设置：应付科目设为应付账款，采购科目设为材料采购。应付款结算方式科目设置：现金结算设为库存现金，转账支票设为银行存款。

2. 固定资产系统期初设置

折旧方法：折旧方法要与企业模拟经营中的固定资产折旧方法一致。

固定资产编码方式：类别编号＋序号。

序号长度：3。

固定资产类别：房屋和土地建筑、机器设备。

固定资产增减方式对应科目设置：直接购入（"库存现金"科目）、在建工程转入（"在建工程"科目）、出售（"固定资产清理"科目）。

3. 采购管理系统期初设置

无论是否有采购，期初数据均需要完成期初记账。

4. 库存/存货管理系统期初设置

设置存货科目及存货对方科目：各个仓库期初数据录入完成后要在存货管理系统中进行期初记账。

5. 销售管理系统期初设置

一般参照销售订单生成销售发票，由销售发票生成销售发货单，并由销售发货单生成销售出库单。所以，在销售业务控制选项中选择"销售生成出库单"，在其他控制选项中选择"新增发票参照订单"。

四 期初余额设置

步骤	企业应用平台⇨业务⇨财务会计⇨总账⇨设置⇨期初余额

实收资本（股本）根据课程设计的具体情况进行设定，一般为 60M 或 70M，银行存款也为 60M 或 70M。

第十一章　会计信息化日常
业务处理

会计信息化日常业务处理流程见表 11-1。

表 11-1　会计信息化日常业务处理流程

公司运营流程		信息化业务处理流程
每年开始申请长期贷款		总账：录入凭证
年（月）初	新年度规划会议	无
	支付广告费	在总账系统中录入支付广告费凭证
	参加订货会	
	登记销售订单	在销售管理中录入销售订单并审核
	支付长期贷款利息/更新长期贷款/长期贷款还款	总账：录入凭证
	支付应付税	在总账系统中录入支付应付税凭证
每季（周）	季初现金盘点	总账：查询现金科目余额表或查询现金日记账
	更新短期贷款/还本付息/申请短期贷款	总账：录入凭证
	更新原材料订单	原材料订单中录入预计到货日期，查询当期要到货的订单
	原材料入库	库存管理：根据订单生成入库单，审核，存货核算中进行单据记账，生成凭证。 采购模块：根据订单生成采购发票（现付），进行结算。 应付管理：采购发票审核，生成凭证

续表

公司运营流程		信息化业务处理流程
每季（周）	下原材料订单	采购管理：录入采购订单并审核
	更新生产/完工入库	库存管理：录入产品入库单，审核。 存货核算：记账，生成凭证
	投资新生产线/变卖生产线/生产线转产	投资新生产线：有安装周期的，录入凭证，借记"在建工程"科目；无安装周期的，新增固定资产卡片。 变卖生产线：当月资产计提折旧；固定资产进行资产减少处理，记入固定资产清理科目；在总账中录入清理收入凭证、现金增加和结算清理损益
	紧急采购原材料/出售原材料	采购管理：录入采购入库单、采购发票、现付。 应付系统：付款处理
	开始下一批生产（原材料出库，支付加工费）	库存管理：录入原材料出库单并审核。 存货管理：记账生成凭证总账，录入加工费凭证
	更新应收款/应收款收现	应收管理：录入收款单，核销应收款项，生成凭证
	出售厂房	固定资产：固定资产减少，借记固定资产清理 应收系统：录入其他应收单，4周后收现
	向其他企业购买产成品/出售产成品	采购管理：录入采购入库单、采购发票、现付。 应付系统：付款处理
	按订单交货	查询现存量，查询订单，如果可以交货，则进行以下操作。 销售管理：根据销售订单生成销售发票，进行发票审核。 库存管理：查询销售发货单、销售出库单，审核销售出库单。 应收系统：销售发票审核，生成凭证
	产品研发投资	在总账中直接录入凭证
	支付管理费	在总账中录入凭证
年（月）末	支付利息/更新长期贷款/申请长期贷款	查询长期贷款余额，在总账中录入支付利息凭证
	支付设备维护费	在总账中录入凭证
	支付购房租金	在总账中录入支付租金的凭证
	计提固定资产折旧	固定资产系统：计提折旧，生成折旧凭证
	新市场开拓/ISO认证投资	在总账中录入凭证

续表

公司运营流程		信息化业务处理流程
年（月）末	结账	库存管理：期末原材料盘点。 总账系统：查询项目总账进行在产品盘点，在总账系统中查询现金日记账进行现金盘点。 期末处理顺序：采购期末处理、销售期末处理、存货期末处理、固定资产期末处理、应收应付期末处理、总账期末处理
	报表	根据模板生成利润表、资产负债表和现金流量表；自定义内部管理报表——产品核算统计表和综合费用明细表

注：①在企业应用平台的"设置"中，选择"单据设置/单据编码设置"，修改销售订单编号方式为"完全手工编号"，即可录入企业选单的订单号。

②公司购销业务不考虑税金处理。

一　年（月）初的业务信息化处理

业务一：支付广告费

根据广告费发票，企业开出支票，并根据转账支票存根，在会计信息化平台上进行以下操作（见图 11 - 1）。

步骤	业务⇨总账⇨凭证⇨填制凭证

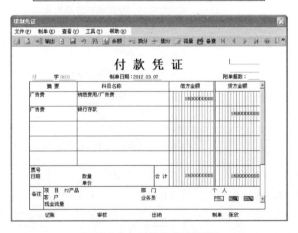

图 11 - 1　支付广告费凭证

业务二：参加订货会，获得销售订单

在电子沙盘中参加订货会，选取自己需要的订单（见图 11 - 2）。

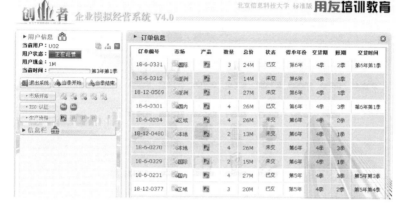

图 11 - 2　订货会界面

获得销售订单后，在会计信息化平台上进行以下操作（见图 11 - 3）。

步骤	供应链⇨销售管理⇨增加并审核销售订单

图 11 - 3　销售订单

业务三：申请长期贷款

到银行申请长期贷款，签订长期贷款合同。如果收到银行贷款发放通知，则在会计信息化平台上进行以下操作（见图 11 - 4）。

步骤	业务⇨总账⇨凭证⇨填制凭证

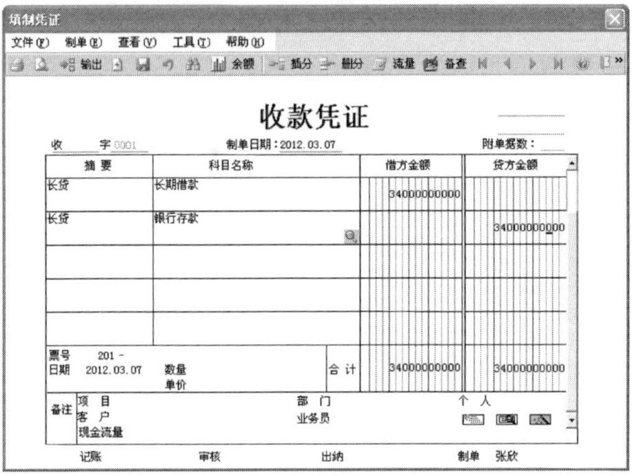

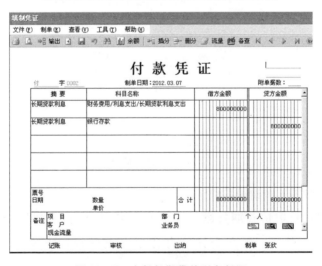

图 11 - 4 长期贷款凭证

业务四：支付长期贷款利息/更新长期贷款/长期贷款还款

根据银行的存款利息清单，在会计信息化平台上进行以下操作（见图 11 - 5）。

步骤	业务⇨总账⇨凭证⇨填制凭证

图 11 - 5 支付长期贷款利息凭证

业务五：支付上年应缴所得税

根据所得税缴税回单，在会计信息化平台上进行以下操作（见图 11 −6）。

| 步骤 | 业务⇨总账⇨凭证⇨填制凭证 |

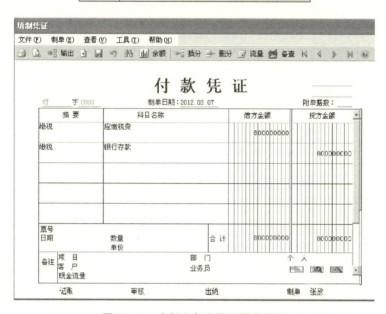

图 11 −6　支付上年应缴所得税凭证

二　每季（周）的业务信息化处理

业务六：短期贷款还本付息

根据银行借款利息回单，在会计信息化平台上进行以下操作（见图 11 −7）。

业务七：申请短期贷款

在电子沙盘中申请短期贷款（见图 11 −8）。

根据短期贷款收账通知，在会计信息化平台上进行以下操作（见图 11 −9）。

步骤	业务⇨总账⇨凭证⇨填制凭证

填制凭证

文件(F) 制单(E) 查看(V) 工具(T) 帮助(H)

输出 余额 插分 删分 流量 备查

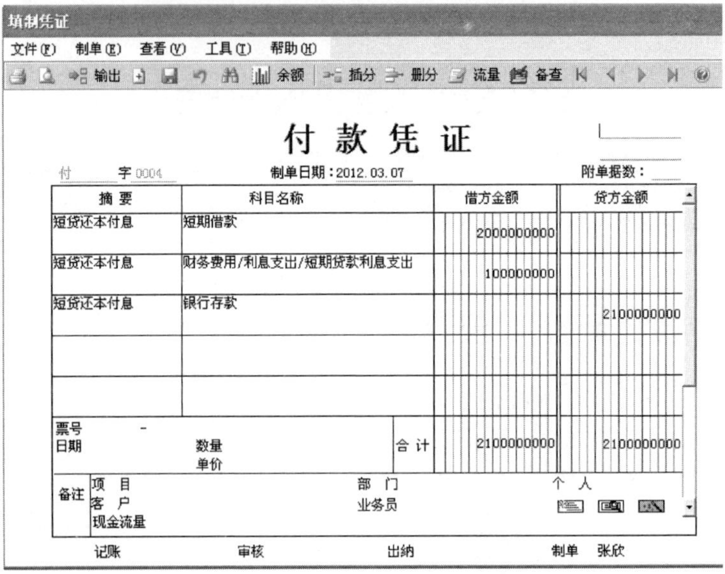

付 款 凭 证

付 字 0004　　制单日期：2012.03.07　　附单据数：

摘要	科目名称	借方金额	贷方金额
短贷还本付息	短期借款	2000000000	
短贷还本付息	财务费用/利息支出/短期贷款利息支出	100000000	
短贷还本付息	银行存款		2100000000
票号 - 日期　数量 单价	合计	2100000000	2100000000

备注　项目　部门　个人　客户　业务员　现金流量

记账　审核　出纳　制单 张欣

图 11－7　短期贷款还本付息凭证

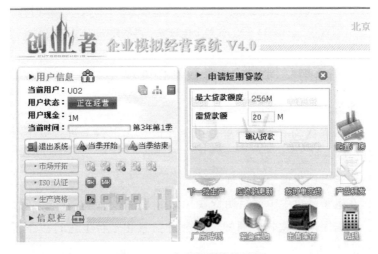

图 11－8　申请短期贷款界面

步骤 | 业务⇨总账⇨凭证⇨填制凭证

填制凭证

文件(F) 制单(E) 查看(V) 工具(T) 帮助(H)

输出 余额 插分 删分 流量 备查 删除分录

收 款 凭 证

收 字 0001   制单日期:2012.03.07   附单据数:

摘 要	科目名称	借方金额	贷方金额
借短期贷款	银行存款	2000000000	
借短期贷款	短期借款		2000000000

票号 201 -
日期 2012.03.07   数量
单价
合 计   2000000000   2000000000

备注 | 项 目 | 部 门 | 个 人
| 客 户 | 业务员 |
| 现金流量 16:借款所收到的现金 20000000 |

记账   审核   出纳   制单 张欣

图 11 - 9   短期贷款凭证

业务八:下原材料订单

在电子沙盘中下原材料订单(见图 11 - 10)。

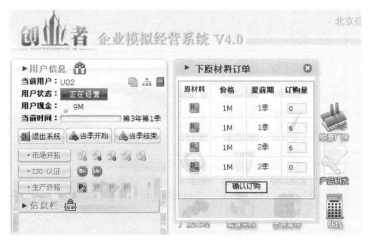

图 11 - 10   下原材料订单界面

根据原材料订单统计表，在会计信息化平台上进行以下操作（见图11-11）。

步骤	供应链⇨采购管理⇨采购订货⇨采购订单

图 11-11 采购订单

业务九：原材料入库

在电子沙盘中进行原材料入库（见图11-2）。

图 11-12 原材料入库界面

根据采购原材料发票、收料单和转账支票，在会计信息化平台上进行以下操作（见图 11－13 至图 11－20）。

步骤	供应链⇨采购管理⇨到货单

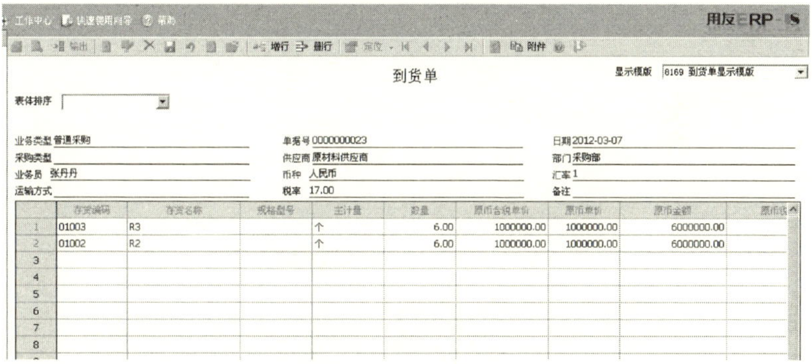

到货单

显示模版 8169 到货单显示模版

表体排序

业务类型 普通采购　单据号 0000000023　日期 2012-03-07
采购类型　供应商 原材料供应商　部门 采购部
业务员 张丹丹　币种 人民币　汇率 1
运输方式　税率 17.00　备注

	存货编码	存货名称	规格型号	主计量	数量	原币含税单价	原币单价	原币金额
1	01003	R3		个	6.00	1000000.00	1000000.00	6000000.00
2	01002	R2		个	6.00	1000000.00	1000000.00	6000000.00
3								
4								
5								
6								
7								
8								

图 11－13　到货单

步骤	供应链⇨库存管理⇨入库业务⇨采购入库单

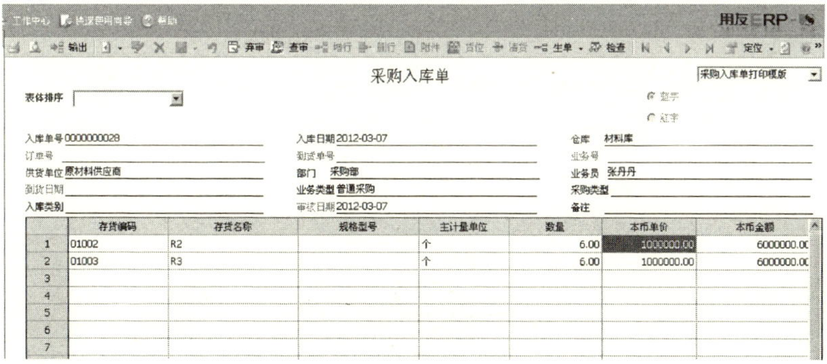

采购入库单

采购入库单打印模版

表体排序

入库单号 0000000028　入库日期 2012-03-07　仓库 材料库
订单号　到货单号　业务号
供货单位 原材料供应商　部门 采购部　业务员 张丹丹
到货日期　业务类型 普通采购　采购类型
入库类别　审核日期 2012-03-07　备注

	存货编码	存货名称	规格型号	主计量单位	数量	本币单价	本币金额
1	01002	R2		个	6.00	1000000.00	6000000.00
2	01003	R3		个	6.00	1000000.00	6000000.00
3							
4							
5							
6							
7							

图 11－14　采购入库单

步骤	供应链⇨采购管理⇨采购发票⇨普通采购发票（现付）

图 11 – 15 采购普通发票

步骤	供应链⇨采购管理⇨采购结算⇨自动结算

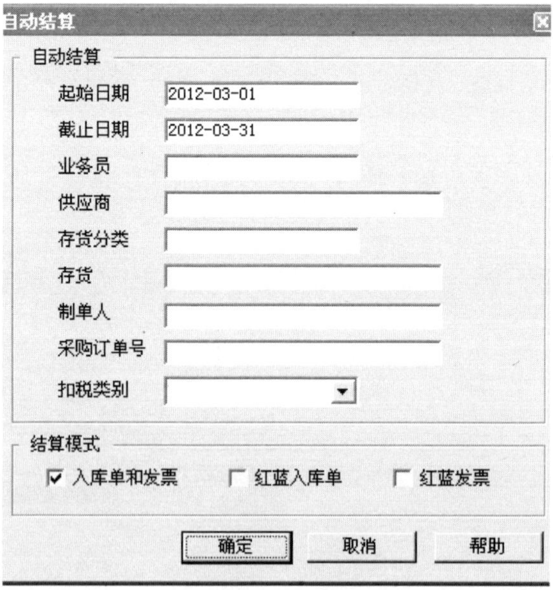

图 11 – 16 采购结算

步骤	应付款管理⇨应付单据处理⇨应付单据审核

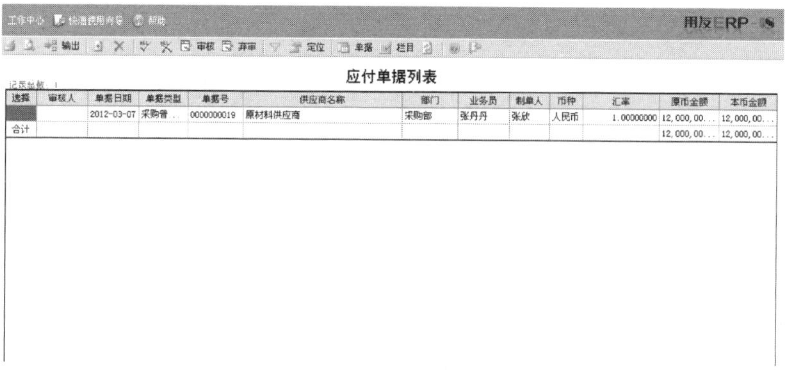

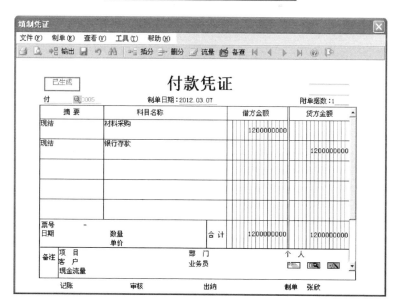

图 11 - 17 应付单据审核

步骤	应付款管理⇨制单处理

图 11 - 18 支付应付款凭证

步骤	供应链⇨存货系统⇨业务核算⇨正常商品记账

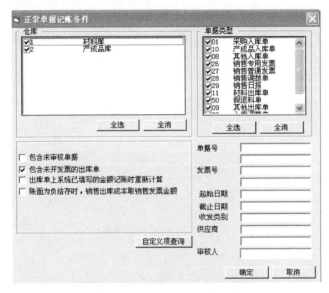

图 11-19 材料入库单记账

步骤	供应链⇨存货系统⇨财务核算⇨生成凭证⇨选择

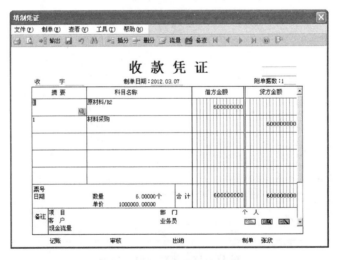

图 11-20 原材料入库制单

业务十：更新生产

在电子沙盘中开始下一批生产（见图 11 – 21）。

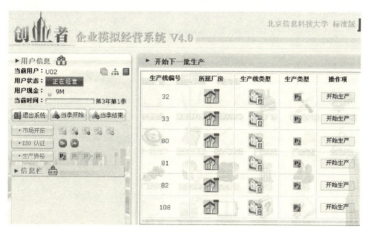

图 11 – 21　开始下一批生产界面

根据产品加工领料单、产品加工费支付报销单，在会计信息化平台上进行以下操作（见图 11 – 22 至图 11 – 25）。

步骤	业务⇨总账⇨凭证⇨填制凭证

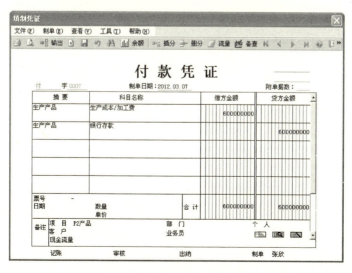

图 11 – 22　支付加工费凭证

步骤 库存管理⇨材料出库单

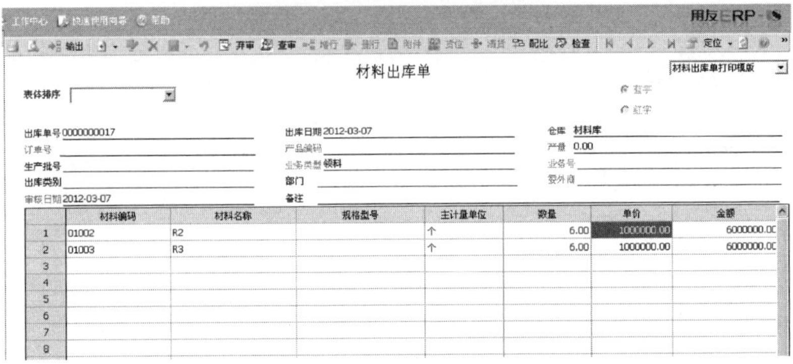

图 11 - 23 加工领用材料

步骤 供应链⇨存货系统⇨业务核算⇨正常商品记账

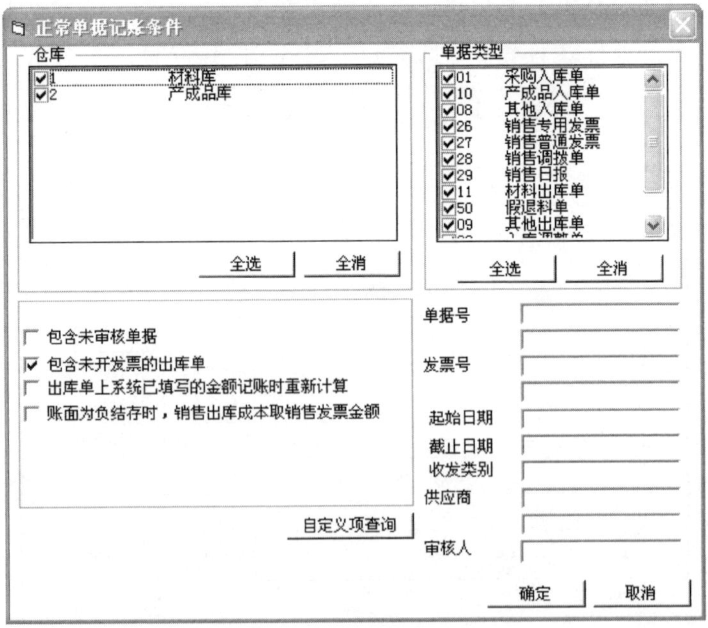

图 11 - 24 材料出库单记账

步骤	供应链⇨存货系统⇨财务核算⇨生成凭证⇨选择

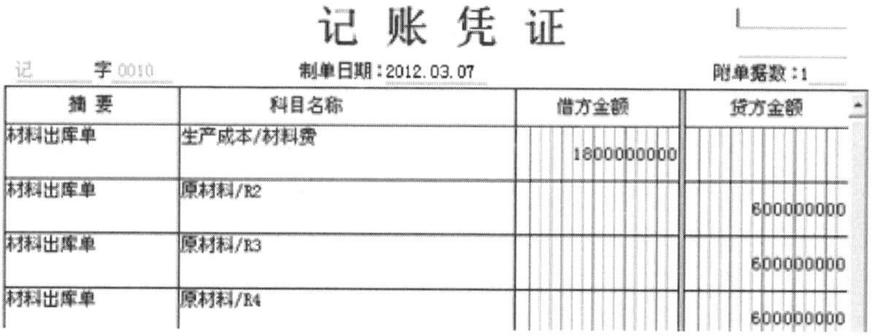

记 账 凭 证

记　字 0010　制单日期：2012.03.07　附单据数：1

摘要	科目名称	借方金额	贷方金额
材料出库单	生产成本/材料费	1800000000	
材料出库单	原材料/R2		600000000
材料出库单	原材料/R3		600000000
材料出库单	原材料/R4		600000000

图 11－25　加工领用材料凭证

业务十一：产成品完工入库

根据产品入库单，在会计信息化平台上进行以下操作（见图 11－26 至图 11－28）。

步骤	供应链⇨库存管理⇨产成品入库

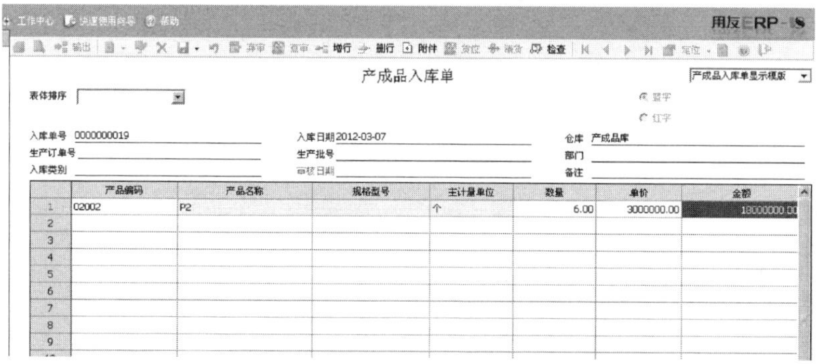

产成品入库单

表体排序

入库单号 0000000019　入库日期 2012-03-07　仓库 产成品库
生产订单号　生产批号　部门
入库类别　审核日期　备注

	产品编码	产品名称	规格型号	主计量单位	数量	单价	金额
1	02002	P2		个	6.00	3000000.00	18000000.00
2							
3							
4							
5							
6							
7							
8							
9							

图 11－26　产成品入库

步骤	供应链⇨存货系统⇨业务核算⇨正常商品记账

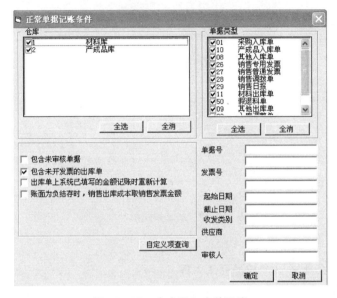

图 11 – 27　产成品入库单记账

步骤	供应链⇨存货系统⇨财务核算⇨生成凭证⇨选择

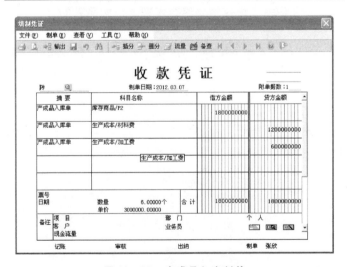

图 11 – 28　产成品入库制单

业务十二：购买/租用厂房

在电子沙盘中购买/租用厂房（见图 11 – 29）。

图 11 – 29 购买/租用厂房界面

根据购买厂房发票、转账支票，在会计信息化平台上进行以下操作（见图 11 – 30 至图 11 – 32）。

步骤	固定资产⇨卡片⇨资产增加

打开 刷新 编辑 查看 帮助 退出

录... | 资产转移记录 | 停启用记录 | 原值变动 | 减少信息 |

固定资产卡片

卡片编号	00006			日期	2012-03-07
固定资产编号	01003	固定资产名称	房屋和土地建筑		
类别编号	01	类别名称			房屋和土地建筑
规格型号		使用部门			
增加方式		存放地点			
使用状况		使用年限（月）	0	折旧方法	不提折旧
开始使用日期	2012-03-07	已计提月份	0	币种	人民币
原值	0.00	净残值率	0%	净残值	0.00
累计折旧	0.00	月折旧率	0	月折旧额	0.00
净值	0.00	对应折旧科目		项目	

录入人	张欣			录入日期	2012-03-07

图 11 – 30 新增固定资产卡片

步骤	固定资产 ⇨ 处理 ⇨ 批量制单

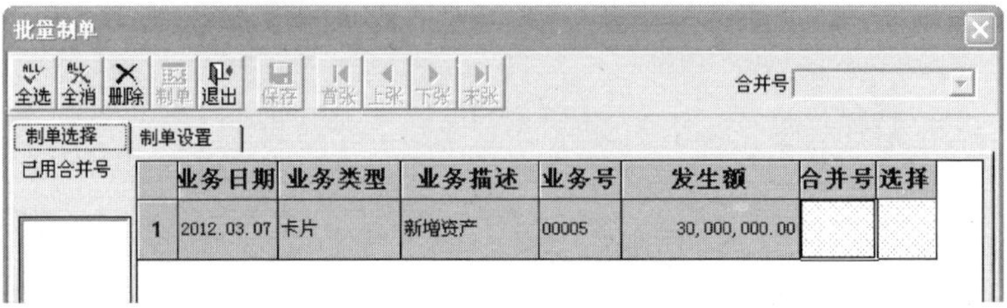

批量制单

全选　全消　删除　制单　退出　保存　│◄ 首张　◄ 上张　► 下张　►│ 末张　　　　合并号

制单选择　制单设置

已用合并号

	业务日期	业务类型	业务描述	业务号	发生额	合并号	选择
1	2012.03.07	卡片	新增资产	00005	30,000,000.00		

图 11 – 31　新增固定资产制单

记 账 凭 证

记　字 0024　　　　制单日期：2012.03.07　　　　附单据数：0

摘 要	科目名称	借方金额	贷方金额
购买大厂房	固定资产	4000000000	
购买大厂房	银行存款		4000000000

图 11 – 32　购买厂房凭证

业务十三：新建生产线

在电子沙盘中新建生产线（见图 11 – 33）。

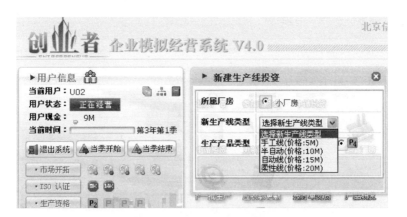

图 11 – 33　新建生产线界面

新建和在建生产线，直接在总账系统中填制凭证（借：在建工程；贷：银行存款），待生产线完工，根据固定资产完工验收单等，在会计信息化平台上进行以下操作（见图 11-34、图 11-35）。

步骤	固定资产⇨卡片⇨资产增加

固定资产卡片

卡片编号	00004		日期	2012-03-07
固定资产编号	02003	固定资产名称		生产线（柔性）
类别编号	02	类别名称		机器设备
规格型号		使用部门		生产部
增加方式	在建工程转入	存放地点		
使用状况	在用	使用年限（月）	5	折旧方法	平均年限法（一）
开始使用日期	2012-03-07	已计提月份	0	币种	人民币
原值	20000000.00	净残值率	0%	净残值	0.00
累计折旧	0.00	月折旧率	0	月折旧额	0.00
净值	20000000.00	对应折旧科目	660204,折旧费	项目	

录入人 刘冬雪   录入日期 2012-03-07

图 11-34　新增固定资产卡片

步骤	固定资产⇨处理⇨批量制单

转 账 凭 证

转　字 0019　　　制单日期：2012.03.07　　　附单据数：0

摘　要	科目名称	借方金额	贷方金额
生产线入库	固定资产	2000000000	
生产线入库	在建工程		2000000000

票号 日期	数量 单价	合　计	2000000000	2000000000

备注	项目 客　户 现金流量	部　门 业务员		个　人

记账　韩芳2　　审核　韩芳2　　出纳　　　　制单　刘冬雪

图 11-35　新增固定资产制单

业务十四：更新应收账款

在电子沙盘中更新应收账款（见图 11 – 36）。

图 11 – 36　更新应收账款界面

根据银行进账单，在会计信息化平台上进行以下操作（见图 11 – 37 至图 11 – 39）。

步骤	应收账款管理⇨收款单据处理⇨收款单据录入

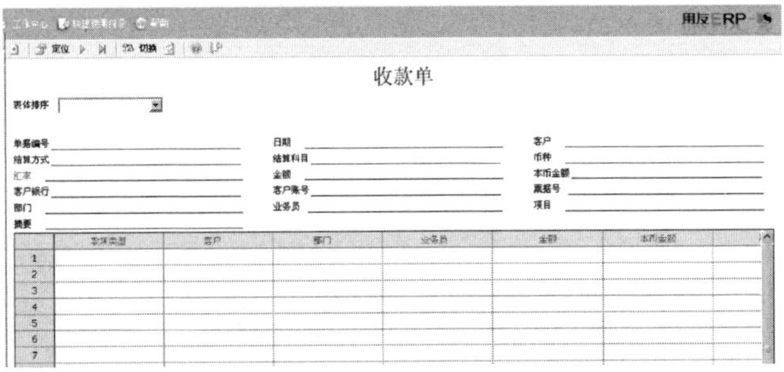

图 11 – 37　录入收款单

步骤	应收款管理⇨制单处理

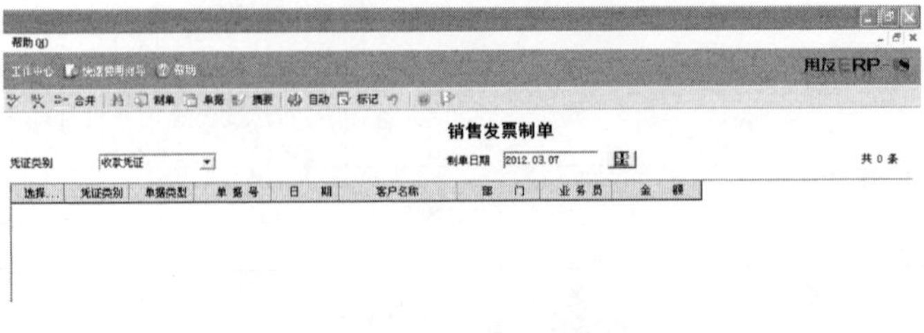

图 11 – 38　销售发票制单

图 11 - 39　收取款项凭证

业务十五：按订单交货

在电子沙盘中进行交货处理（见图 11 - 40）。

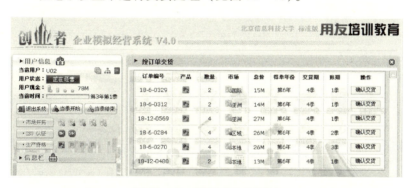

图 11 - 40　按订单交货界面

开具销售产品发票、产品出库单、银行结算业务回单，在会计信息化平台上进行以下操作（见图 11 - 41 至图 11 - 45）。

步骤	销售管理⇨销售开票⇨销售普通发票

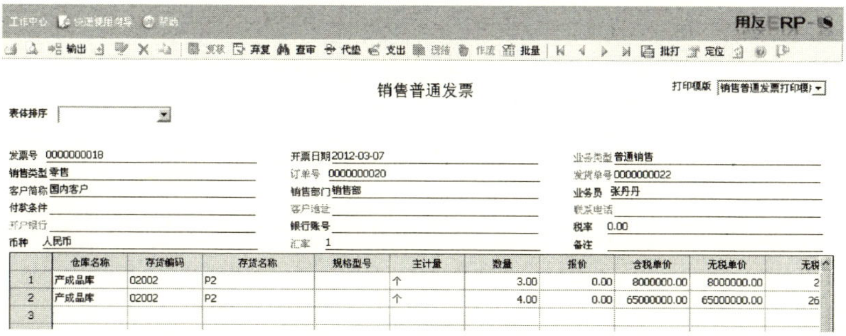

销售普通发票

图 11 - 41　销售普通发票

| 步骤 | 应收款管理⇨应收单据处理⇨应收单据审核 |

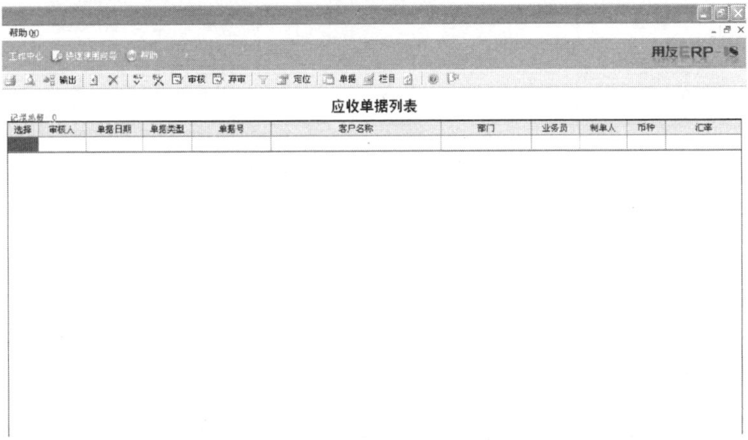

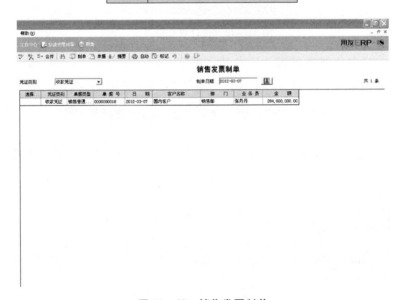

图 11 - 42 应收单据审核

| 步骤 | 应收款管理⇨制单处理 |

图 11 - 43 销售发票制单

步骤	供应链⇨存货系统⇨业务核算⇨正常商品记账

正常单据记账条件
仓库
1 材料库
2 产成品库
全选
全消
单据类型
01 采购入库单
10 产成品入库单
08 其他入库单
26 销售专用发票
27 销售普通发票
28 销售调拨单
29 销售日报
11 材料出库单
50 假退料单
09 其他出库单
全选
全消
包含未审核单据
包含未开发票的出库单
出库单上系统已填写的金额记账时重新计算
账面为负结存时，销售出库成本取销售发票金额
单据号
发票号
起始日期
截止日期
收发类别
供应商
审核人
自定义项查询
确定
取消

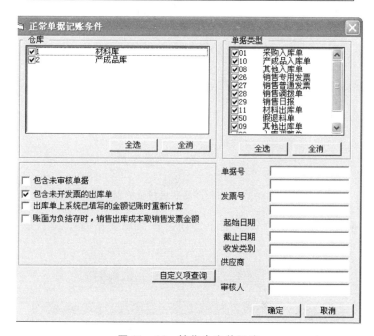

图 11－44　销售出库单记账

记 账 凭 证
记 字 0033
制单日期：2012.03.07
附单据数：1
摘 要
科目名称
借方金额
贷方金额
销售出库单
主营业务成本
1000000000
销售出库单
产成品/P4
1000000000
票号
日期
数量
单价
合 计
1000000000
1000000000
备注
项 目 P4产品
客 户
现金流量
部 门
业务员
个 人
记账 王赛楠
审核 王赛楠
出纳
制单 钟茜

图 11－45　销售出库单凭证

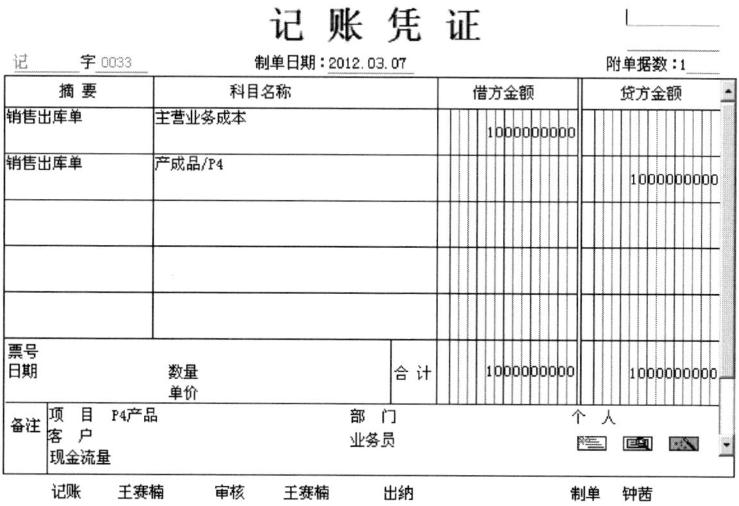

业务十六：产品研发投资

在电子沙盘中进行产品研发投资（见图 11 - 46）。

图 11 - 46 产品研发投资界面

根据产品研发投资报销单，在会计信息化平台上进行以下操作（见图 11 - 47）。

步骤	业务⇨总账⇨凭证⇨填制凭证

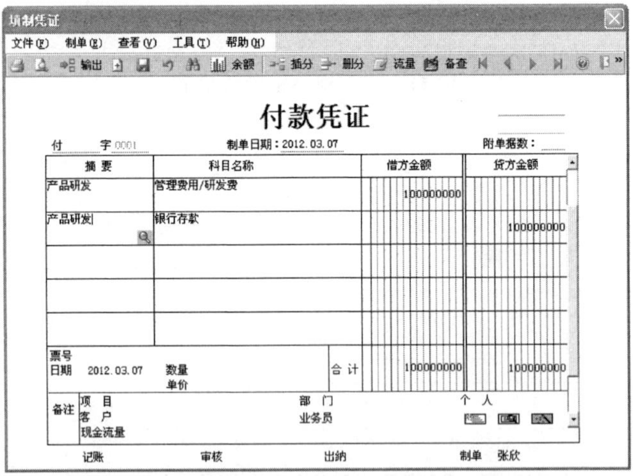

图 11 - 47 产品研发投资凭证

业务十七：支付管理费

每到季末，在电子沙盘中会自动支付管理费。根据管理费用报销单，在会计信息化平台上进行以下操作（见图 11 - 48）。

步骤	业务⇨总账⇨凭证⇨填制凭证

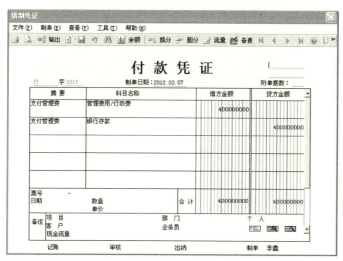

图 11 - 48　支付管理费凭证

三　年（月）末的业务信息化处理

业务十八：新市场开拓

每年（月）末，在电子沙盘中进行市场开拓投资（见图 11 - 49）。

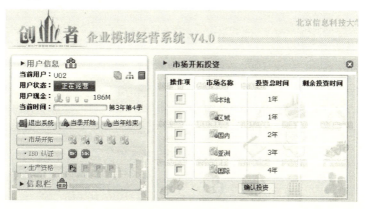

图 11 - 49　市场开拓投资界面

根据市场开拓费用报销单，在会计信息化平台上进行以下操作（见图 11 - 50）。

步骤	业务⇨总账⇨凭证⇨填制凭证

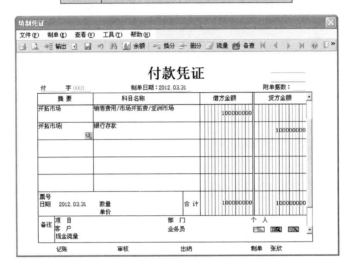

图 11 - 50　市场开拓投资凭证

业务十九：ISO 认证投资

在电子沙盘中进行 ISO 认证投资（见图 11 - 51）。

图 11 - 51　ISO 认证投资界面

根据 ISO 认证费用报销单，在会计信息化平台上进行以下操作（见图 11 - 52）。

| 步骤 | 业务 ⇨ 总账 ⇨ 凭证 ⇨ 填制凭证 |

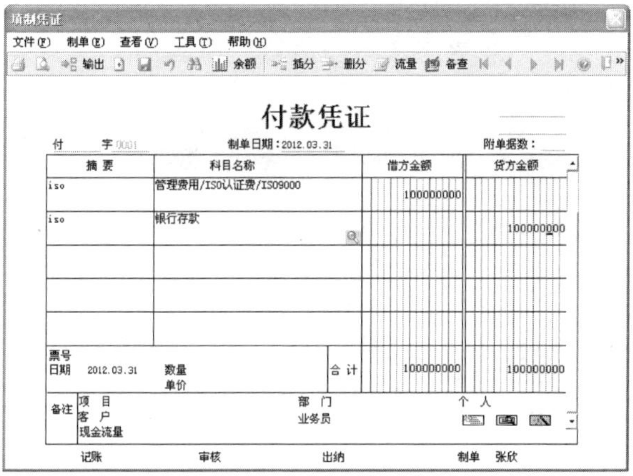

图 11－52　ISO 认证投资凭证

业务二十：支付设备维护费

每到年（月）末，在电子沙盘中对需要支付维护费的生产线自动支付设备维护费。根据设备维护费报销单，在会计信息化平台上进行以下操作（见图 11－53）。

| 步骤 | 业务 ⇨ 总账 ⇨ 凭证 ⇨ 填制凭证 |

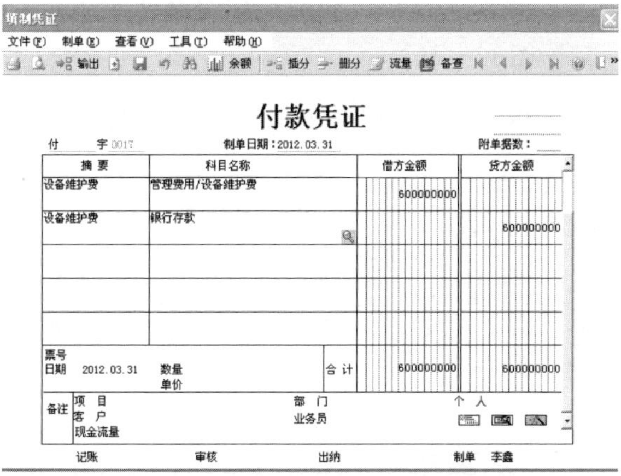

图 11－53　设备维护费凭证

业务二十一：支付厂房租金

每到年（月）末，在电子沙盘中对租用的厂房自动支付租金。根据租用厂房发票和转账支票，在会计信息化平台上进行以下操作（见图 11 – 54）。

步骤	业务⇨总账⇨凭证⇨填制凭证

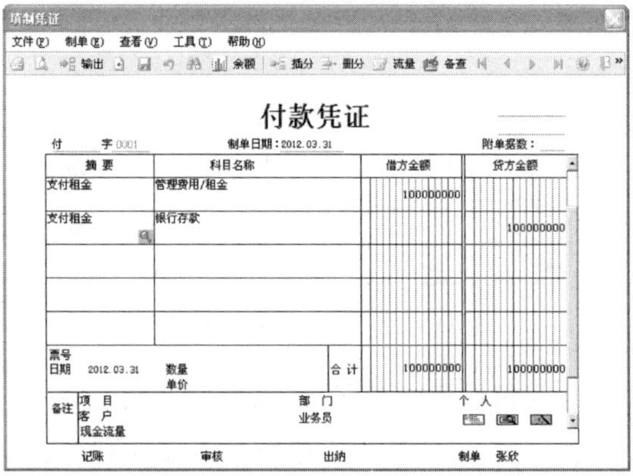

图 11 – 54 支付厂房租金凭证

业务二十二：计提固定资产折旧

每到年（月）末，在电子沙盘中进行固定资产计提折旧。根据企业固定资产折旧统计表，在会计信息化平台上进行以下操作（见图 11 – 55、图 11 – 56）。

步骤	固定资产⇨处理⇨计提本月折旧

图 11 – 55 计提折旧

| 步骤 | 固定资产⇨处理⇨批量制单 |

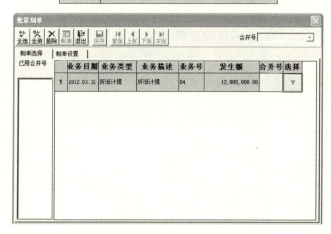

图 11 - 56　计提折旧制单

业务二十三：计提企业所得税

每到年（月）末，在电子沙盘中计提企业所得税。根据企业所得税计算表，在会计信息化平台上进行以下操作（见图 11 - 57）。

| 步骤 | 业务⇨总账⇨凭证⇨填制凭证 |

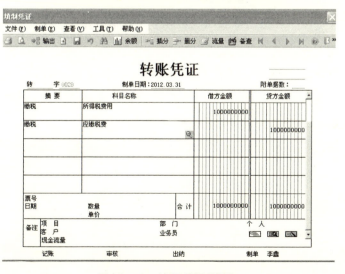

图 11 - 57　计提所得税凭证

四　特殊业务信息化处理

业务二十四：应收账款贴现

无论在什么时间，当企业发生流动资金短缺时，应收账款都可以在电子沙盘中进行贴现处理（见图 11 - 58）。

图 11 - 58　应收账款贴现界面

根据贴现的收款通知，在会计信息化平台上进行以下操作（见图 11 - 59、图 11 ~ 60）。

步骤	业务⇨应收账款管理⇨收款单据处理⇨收款单据录入

在图 11 - 59 中，表头金额填写实际收款金额，第一行款项类型选择应收账款，第二行选择其他费用，金额填写贴现利息费（为负数），科目为财务费用 - 贴现费用。

图 11 - 59　应收账款贴现

| 步骤 | 应收款管理⇨制单处理收款⇨单据录入 |

记 账 凭 证

记　字 0039		制单日期：2012.03.16			附单据数：1	
摘　要	科目名称			借方金额	贷方金额	
收款单	银行存款			900000000		
收款单	财务费用/利息支出/贴现利息支出			100000000		
收款单	应收账款				1000000000	
票号　2　-						
日期　2012.03.16　数量						
单价			合　计	1000000000	1000000000	
备注	项　目	部　门		个　人		
	客　户	业务员				
	现金流量　01:销售商品、提供劳务收到的现金　9000000					
记账　王赛楠　　审核　王赛楠　　出纳　丁一　　制单　钟茜						

图 11 - 60　应收账款贴现凭证

业务二十五：紧急采购原材料/产成品

当原材料不能及时到库影响生产或者产品不能及时下线影响交货时，企业可以根据需要，在电子沙盘中随时进行紧急采购（见图 11 - 61）。

图 11 - 61　紧急采购界面

根据采购发票、收料单和转账支票，在会计信息化平台上进行相应的处理（处理过程同前，略）。

业务二十六：出售库存

如果企业在运营过程中现金流发生困难，还可以随时出售库存，获得现金。在电子沙盘中进行以下操作（见图 11 – 62）。

图 11 – 62 出售库存界面

根据销售发票、销售出库单和银行进账单，在会计信息化平台上进行相应的处理（处理过程同前，略）。

业务二十七：厂房贴现

如果企业在运营过程中资金流发生困难，可以随时将厂房进行贴现，获得资金。如果厂房内无生产线，则贴现额等于厂房卖出价进行 4 个季度的贴现；如果厂房内有生产线，则贴现额等于卖出价进行 4 个季度贴现后，再扣除租金。在电子沙盘中进行以下操作（见图 11 – 63）

图 11 – 63 厂房贴现界面

根据固定资产调出单和贴现应收账款，在会计信息化平台上进行相应的处理（处理过程同前，略）。

业务二十八：对所有凭证进行审核、签字、记账

在会计信息化平台上对所有凭证进行审核、签字、记账。

步骤	业务⇨总账⇨凭证⇨审核凭证、出纳签字和记账

业务二十九：结转期间损益

在会计信息化平台上进行期间损益的自动结转。生成相应的凭证后，审核记账（见图11-64）。

步骤	总账⇨期末⇨转账生成⇨期间损益结转（全选）

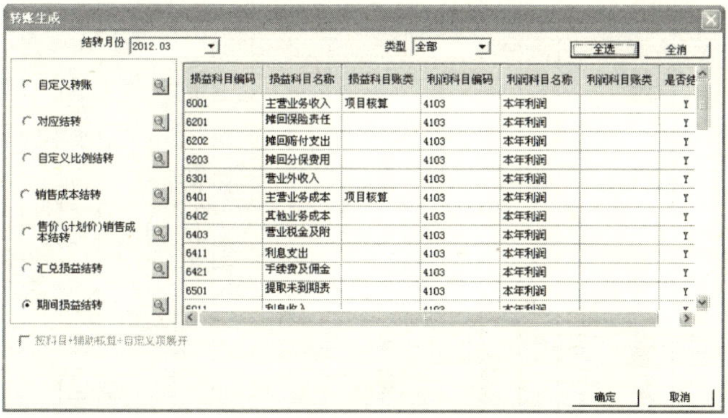

图 11-64　期间损益结转

业务三十：期末盘点

将模拟企业中的库存、在制品、产成品、现金账目分别与会计信息化平台上的库存管理系统和总账系统中的现金日记账进行盘点。

业务三十一：期末结账

在会计信息化平台上进行期末结账。一般期末结账的处理顺序为：采购、销售、固定资产→库存→存货（注意：先进行期末处理，然后才能结账）→应收应付→总账。

业务三十二：利用 UFO 报表系统，引用报表模板，生成报表

在利用报表模板之前，需要检查模板的正确性，根据调整好的正确的报表模板自动生成企业的资产负债表、利润表、现金流量表（见表11-2至表11-4）。

表 11-2　资产负债表

×××年××月

编制单位:××××

会企01表
单位:元

资产	行次	年初数	期末数	负债和所有者权益	行次	年初数	期末数
流动资产:				流动负债:			
货币资金	1	39,000,000.00	218,000,000.00	短期借款	34	80,000,000.00	80,000,000.00
交易性金融资产	2			交易性金融负债	35		
应收票据	3			应付票据	36		
应收账款	4			应付账款	37		
应收利息	5			预收账款	38		
应收股利	6	50,000,000.00	38,000,000.00	应付职工薪酬	39		
其他应收款	7			应缴税费	40		-4,000,000.00
预付账款	8			应付利息	41		
存货	9	34,000,000.00		应付股利	42		
一年内到期的长期债权投资	10			其他应付款	43		
其他流动资产	11			一年内到期的非流动负债	44		
				其他流动负债	45		
流动资产合计	12	123,000,000.0	256,000,000.00	流动负债合计	46	80,000,000.00	76,000,000.00
非流动资产:				非流动负债:			
可供出售金融资产	13			长期借款	47	70,000,000.00	80,000,000.00
持有至到期投资	14			应付债券	48		80,000,000.00

续表

资产	行次	年初数	期末数	负债和所有者权益	行次	年初数	期末数
投资性房地产	15			长期应付款	49		
长期股权投资	16			专项应付款	50		
长期应收款	17			预计负债	51		
固定资产原价	18	135,000,000.00	135,000,000.00	其他长期负债	52		
减:累计折价	19	20,000,000.00	58,000,000.00	递延所得税负债	53		
固定资产净值	20	115,000,000.00	77,000,000.00	非流动负债合计	54	70,000,000.00	80,000,000.00
减:固定资产减值准备	21			负债合计	55	150,000,000.00	156,000,000.00
固定资产净额	22	115,000,000.00	77,000,000.00	所有者权益(或股东权益)			
生产性生物资产	23			实收资本(或股本)	56	70,000,000.00	70,000,000.00
工程物资	24			资本公积	57		
在建工程	25			减:库存股	58		
固定资产清理	26			盈余公积	59		
无形资产	27			未分配利润	60	18,000,000.00	107,000,000.00
商誉	28			所有者权益(或股东权益)合计	61	88,000,000.00	177,000,000.00
长期待摊费用	29						
无形资产及其他资产合计	30						
递延所得税资产	31						
非流动资产合计	32	115,000,000.00	77,000,000.00				
资产总计	33	238,000,000.00	333,000,000.00	负债和所有者权益(或股东权益)总计	62	238,000,000.00	333,000,000.00

制表人:×××　　　　　　　　　　　　　　　　合计主管:×××

表 11 - 3 利润表

会企 02 表

编制单位：×××× ××××年××月 单位：元

项　目	行数	本月数	本年累计数
一、主营业务收入	1	216,000,000.00	411,000,000.00
减：主营业务成本	2	102,000,000.00	202,000,000.00
营业税费	3		
销售费用	4	16,000,000.00	29,000,000.00
管理费用	5	29,000,000.00	58,000,000.00
财务费用（收益以"－"填列）	6	12,000,000.00	23,000,000.00
资产减值损失	7		
加：公允价值变动净收益（净损失以"－"填列）	8		
投资净收益（净损失以"－"填列）	9		
其中，对联营企业与合营企业的投资收益	10		
二、营业利润（亏损以"－"填列）	11	57,000,000.00	99,000,000.00
营业外收入	12		
减：营业外支出	13		
其中，非流动资产处置净损失（净收益以"－"填列）	14		
三、利润总额（亏损总额以"－"填列）	15	57,000,000.00	99,000,000.00
减：所得税	16		10,000,000.00
四、净利润（净亏损以"－"填列）	17	57,000,000.00	89,000,000.00
五、每股收益：			·
基本每股收益			
稀释每股收益			

制表人：××× 会计主管：×××

表 11 - 4　现金流量表

会企 03 表

编制单位：××××　　　　　　　××××年××月　　　　　　　单位：元

项　　目	行次	金　额
一、经营活动产生的现金流量		
销售商品、提供劳务收到的现金	1	239,000,000.00
收到的税费返还	2	
收到的其他与经营活动有关的现金	3	
现金流入小计	4	239,000,000.00
购买商品、接受劳务支付的现金	5	
支付给职工以及为职工支付的现金	6	4,000,000.00
支付的各项税费	7	10,000,000.00
支付的其他与经营活动有关的现金	8	94,000,000.00
现金流出小计	9	108,000,000.00
经营活动产生的现金流量净额	10	131,000,000.00
二、投资活动产生的现金流量		
收回投资所收到的现金	11	
取得投资收益所收到的现金	12	
处置固定资产、无形资产和其他长期资产所收回的现金净额	13	
处置子公司及其他营业单位所收到的现金净额	14	
收到的其他与投资活动有关的现金	15	
现金流入小计	16	
购建固定资产、无形资产和其他长期资产所支付的现金	17	
投资所支付的现金	18	
取得子公司及其他营业单位所支付的现金净额	19	
支付的其他与投资活动有关的现金	20	
现金流出小计	21	
投资活动产生的现金流量净额	22	
三、筹资活动产生的现金流量		
吸收投资所收到的现金	23	
借款所收到的现金	24	80,000,000.00

续表

项 目	行次	金 额
收到的其他与筹资活动有关的现金	25	
现金流入小计	26	80,000,000.00
偿还债务所支付的现金	27	92,000,000.00
分配股利、利润或偿付利息所支付的现金	28	
支付的其他与筹资活动有关的现金	29	
现金流出小计	30	92,000,000.00
筹资活动产生的现金流量净额	31	-12,000,000.00
四、汇率变动对现金的影响额	32	
五、现金及现金等价物净增加额	33	119,000,000.00

制表人：×××   会计主管：×××

附录　原始凭证

Appendix

第一年原始凭证

业务：长期贷款（见附件 1、附件 2）

附件 1：贷款合同

贷款合同

借款单位：（以下简称借款方）_____ 有限公司

贷款单位：（以下简称贷款方）交通银行北京分行

借款方为发展需要，特向贷款方申请借款，经贷款方审核同意发放。为明确双方责任，恪守信用，特签订本合同，共同遵守。

第一，借款方向贷款方借款人民币（大写）_____，期限____年，从____年__月__日至____年__月__日，年利率为 10%。自支用贷款之日起，按年计算利息，到期归还本金。

第二，贷款方应如期向借款方发放贷款，否则，按违约数额和延期天数，付给借款方违约金。违约金数额的计算，与逾期贷款罚息相同，即为 1%。

第三，贷款利率，按年利率10%。

第四，借款方应按协议使用贷款，不得转移用途。否则，贷款方有权提前终止协议。

第五，借款方保证按借款合同所订期限归还贷款本息。如需延期，借款方应在贷款到期前3天，提出延期申请，经贷款方同意，办理延期手续。但延期最长不得超过原订合同期限的一半。贷款方未同意延期或未办理延期手续的逾期贷款，加收罚息。

第六，借款方以房产（价值500万元）作为借款抵押，产权证件由贷款方（或公证机关）保管。公证费由借款方承担。

第七，贷款到期，若借款方未归还贷款，又未办理延期手续，则贷款方有权依照法律程序处理借款方作为贷款抵押的物资和财产，抵还借款本息。

第八，本合同书正本2份，借、贷方各执1份。

第九，本合同自签订之日起生效，贷款本息全部偿清后失效。

借款单位（人）____（签章）　　　　贷款单位：交通银行北京分行____（签章）

负责人：林美莉　　　　　　　　　　审批组长：林金

签约日期：____年__月__日　　　　签约日期：____年__月__日

附件2：申请银行长期贷款，银行贷款发放

交通银行北京市分行贷款凭证（通 知）　编号

年　　月　　日

科目				对方科目			

账号	贷款单位名称	贷款种类	到期 年 月 日	还款次数	利　　率
			年　月　日		％

贷款金额 人民币 （大写）	金　　额
	亿 千 百 十 万 千 百 十 元 角 分

贷　款　用　途	备注：
上列款项根据单位申请已转入　　　　　账户	

会计（主管）　　　　出纳　　　　复核　　　　记账

业务：申请短期贷款（见附件1、附件2）

附件1：短期贷款收账通知

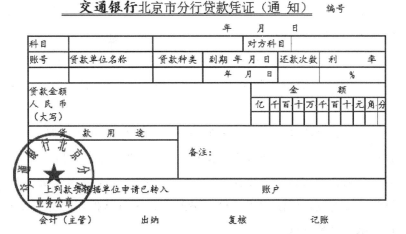

交通银行北京市分行贷款凭证（通 知）　编号

年　　月　　日

科目				对方科目			

账号	贷款单位名称	贷款种类	到期 年 月 日	还款次数	利　　率
			年　月　日		％

贷款金额 人民币 （大写）	金　　额
	亿 千 百 十 万 千 百 十 元 角 分

贷　款　用　途	备注：
上列款项根据单位申请已转入　　　　　账户	

会计（主管）　　　　出纳　　　　复核　　　　记账

附件 2：贷款合同

贷款合同

借款单位：（以下简称借款方）＿＿＿＿＿有限公司

贷款单位：（以下简称贷款方）<u>交通银行北京分行</u>

借款方为发展需要，特向贷款方申请借款，经贷款方审核同意发放。为明确双方责任，恪守信用，特签订本合同，共同遵守。

第一，借款方向贷款方借款人民币（大写）＿＿＿＿＿，期限＿＿＿年，从＿＿＿年＿＿月＿＿日至＿＿＿年＿＿月＿＿日，年利率为 5%。自支用贷款之日起，按年计算利息，到期归还本金。

第二，贷款方应如期向借款方发放贷款，否则，按违约数额和延期天数，付给借款方违约金。违约金数额的计算，与逾期贷款罚息相同，即为 1%。

第三，贷款利率，按年利率 5%。

第四，借款方应按协议使用贷款，不得转移用途。否则，贷款方有权提前终止协议。

第五，借款方保证按借款合同所订期限归还贷款本息。如需延期，借款方应在贷款到期前 3 天，提出延期申请，经贷款方同意，办理延期手续。但延期最长不得超过原订合同期限的一半。贷款方未同意延期或未办理延期手续的逾期贷款，加收罚息。

第六，借款方以房产（价值 500 万元）作为借款抵押，产权证件由贷款方（或公证机关）保管。公证费由借款方承担。

第七，贷款到期，若借款方未归还贷款，又未办理延期手续，则贷款方有权依照法律程序处理借款方作为贷款抵押的物资和财产，抵还借款本息。

第八，本合同书正本 2 份，借、贷方各执 1 份。

第九，本合同自签订之日起生效，贷款本息全部偿清后失效。

借款单位（人）：限公司（签章）

负责人：林美莉

签约日期：_____年__月__日

贷款单位：交通银行北京分行（签章）

审批组长：林金

签约日期：_____年__月__日

业务：下原材料订单（见附件1）

附件1：原材料订单统计表

原材料订单统计表

年　　月　　日

原材料	订购量	备注
R1		
R2		
R3		
R4		
合计		

业务：购入原材料（见附件1、附件2、附件3）

附件1：采购原材料发票

北京市国家税务局通用机打发票

机打代码：35020710135
机打号码 14562378
开票日期：

发票代码 135020710135
发票号码 14562378

行业分类：零售业

付款单位名称：			付款单位识别号：			
货物及劳务名称	规格	单位	单价	数量	金额	
合计人民币（大写）：				合计：		
收款单位名称（盖章）：			收款单位开户银行及账号：			
收款单位识别号：			开票人：		备注：	

第一联 发票联（购货单位付款凭证）（手开无效）

附件2：收料单

收料单

| 年 月 日 | | | | | | | | | | 编码: |

材料编号	材料名称	规 格	材质	单位	数 量		实际单价	材料金额	运杂费	合 计（材料实际成本）
					应收	实收				
供货单位			结算方法			合同号		计划单价		材料/计划成本
备 注										

主管: 　　质量检验员: 　　仓库验收: 　　　　　经办人:

（业务联）

附件3：转账支票

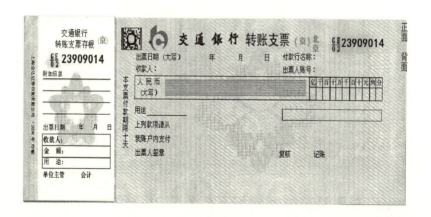

业务：更新生产（见附件1、附件2、附件3）

附件1：产品加工领料单

领 料 单

领料部门：

用　途：　　　　　　　　　　　　年　月　日　　　　　　第　　　号

材 料			单 位	数 量		成 本									
						单 价	总 价							
编号	名 称	规 格		请 领	实 发		百	十	万	千	百	十	元	角	分
合 计														

部门经理：　　　　　会计：　　　　　　仓库：　　　　　　经办人：

- -

附件2：产品加工费支付报销单

报 销 单

填报日期：　　年　月　日

姓名		所属部门		报销形式			
				支票号码			
报销项目		金 额		报销项目		金 额	
				以上单据共　张 金额小计			
总金额（大写）	仟　佰　拾　万　仟　佰　拾　元　角　分		预支备用金额			应缴备用金额	

总经理：　　　财务经理：　　　部门经理：　　　会计：　　　出纳：　　　报销人：

附件 3：转账支票

业务：产成品完工入库（见附件 1）

附件 1：产品入库单

入 库 单

年 月 日   单号 _____

交来单位及部门		发票号码或生产单号码		验收仓库		入库日期		
编号	名称及规格	单位	数 量		实 际 价 格		计 划 价 格		价格差异
			交库	实收	单价	金额	单价	金额	
	合 计								

部门经理：   会计：   仓库：   经办人：

业务：购买厂房（见附件 1、附件 2）

附件 1：购买厂房发票

销售不动产统一发票

发票代码 110123335744
发票号码 45688258

开票日期：						
机打代码	110123335744	密码区	0006 0789 2589 4561 2356			
机打号码	45688258					
机器号码	006589357					
付款方名称		身份证号/组织机构代码/纳税人识别号				
收款方名称		身份证号/组织机构代码/纳税人识别号				
不动产项目名称	不动产项目编号	销售的不动产楼牌号	建筑面积（ ）套内面积（ ）（单位:m²）	单价（单位：元/m²）	金额（元）	款项性质 1.预售定金 2.预收购房款 3.购房款 4.其他（请注明）
合计金额（元）（大写）：					￥：	
备注			主管税务机关及代码	4563258912		
开票人：			开票单位签章：			

发票专用章：万科房地产有限公司 000013560044008

附件 2：转账支票

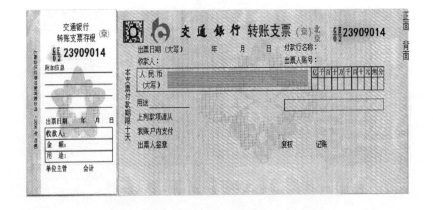

业务：支付厂房租金（见附件1、附件2）

附件1：租用厂房发票

[电脑打印 手写无效]	北京市服务业通用发票 INVOICE FOR SERVICE INDUSTRY 发票联 INVOICE

发票代码 235020870011
发票号码 20112201

开票日期：

机打代码 PRINTING CODE		密码区 PASSWORD
机打号码 PRINTING NUMBER		
机器编号 PRINTING MACHINE NUMBER		
付款方名称 NAME OF PAYER		纳税人识别号

项目名称 PROJECT	金额（元）AMOUNT（RMB）

合计金额（元）（大写）
TOTAL AMOUNT（RMB）IN CHINESE　　　¥

| 备注 REMARK | 开票单位名称
纳税人识别号 |

开票人：　　　　　开票单位签章：

附件2：转账支票

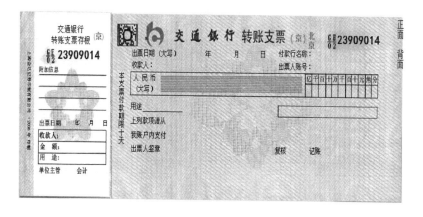

业务：新建生产线（见附件1、附件2、附件3）

附件1：购买生产线发票

北京市国家税务局通用机打发票

发票联

发票代码 135020710135

机打代码 135020710135

机打号码 14562378

发票号码 14562378

开票日期：

行业分类：零售业

付款单位名称：		付款单位识别号：				
货物及劳务名称	规格	单位	单价	数量	金额	
合计人民币（大写）：				合计：		
收款单位名称（盖章）：		收款单位开户银行及账号：				
收款单位识别号：		开票人：		备注：		

第一联 发票联（购货单位付款凭证（手开无效）

附件2：固定资产验收单

固定资产验收单

年　月　日　　　　　　　　编号：

名　称	规格型号	来源	数量	购（造）价	使用年限	预计残值
安装费	月折旧率	建造单位		交工日期	附件	
				年　月　日		
验收部门	验收人员		管理部门		管理人员	
备注						

审核：　　　　　　制单：

附件 3：转账支票

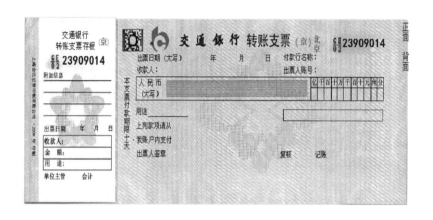

业务：更新应收款（见附件 1）

附件 1：银行进账单

业务：销售产品（见附件1、附件2、附件3）

附件1：销售产品发票

北京市国家税务局通用机打发票

记账联

机打代码135020710135
机打号码11562378
开票日期：　　　　　　　　　行业分类：零售业

发票代码135020710135
发票号码14562378

付款单位名称：			付款单位识别号：			
货物及劳务名称	规格	单位		单价	数量	金额
合计人民币（大写）：				合计：		
收款单位名称（盖章）：			收款单位开户银行及账号：			
收款单位识别号：		开票人：		备注：		

第二联 记账联（销货单位记账凭证）手开无效

- -

附件2：产品出库单

出　库　单

出货单位：　　　　　　　　　年　月　日　　　　　单号：

提货单位或领货部门		销售单号		发出仓库		出库日期	
编号	名称及规格	单位	数　量		单价	金额	
			应发	实发			
	合　计						

业务联

部门经理：　　　　会计：　　　　　　仓库：　　　　　经办人：

附件3：银行结算业务回单（零账期/应收款到期）

交通银行 北京市分行 进账单（回单或收账通知）1

交款日期　年　月　日　第　号

付款人	全　称		收款人	全　称	
	账号或地址			账　号	
	开户银行			开户银行	

人民币（大写）		千 百 十 万 千 百 十 元 角 分

票据种类	
票据张数	

单位主管　会计　复核　记账　　　　　　　　收款人开户银行盖章

此联是收款人开户银行给收款人的回单或收账通知

业务：产品研发投资（见附件1、附件2）

附件1：产品研发投资报销单

报　销　单

填报日期：　年　月　日

姓名		所属部门		报销形式		
				支票号码		

报销项目	金　额	报销项目	金　额
		以上单据共　张 金额小计	

总金额（大写）	仟 佰 拾 万 仟 佰 拾 元 角 分	预支备用金额		应缴备用金额	

总经理：　　财务经理：　　部门经理：　　会计：　　出纳：　　报销人：

附件 2：转账支票

交通银行
转账支票存根（京）
GE 02 23909014
附加信息

出票日期　年　月　日
收款人：
金　额：
用　途：
单位主管　会计

交通银行 转账支票（京）北京　GE 02 23909014
出票日期（大写）　年　月　日　付款行名称：
收款人：　出票人账号：
本支票付款期限十天

人民币（大写）	亿	千	百	十	万	千	百	十	元	角	分

用途
上列款项请从
我账户内支付
出票人签章　复核　记账

正面 背面

业务：支付管理费（见附件 1、附件 2）

附件 1：管理费用报销单

报　销　单

填报日期：　年　月　日

姓名		所属部门		报销形式	
				支票号码	

报销项目	金额	报销项目	金额
		以上单据共　张 金额小计	

总金额（大写）	仟 佰 拾 万 仟 佰 拾 元 角 分	预支备用金额		应缴备用金额	

总经理：　财务经理：　部门经理：　会计：　出纳：　报销人：

附件 2：转账支票

— —

业务：新市场开拓（见附件 1、附件 2）

附件 1：市场开拓费用报销单

报 销 单

填报日期：　　年　月　日

姓名		所属部门		报销形式		
				支票号码		
报销项目		金额		报销项目		金额
				以上单据共　张 金额小计		
总金额（大写）	仟 佰 拾 万 仟 佰 拾 元 角 分			预支备用金额	应缴备用金额	
总经理：	财务经理：	部门经理：	会计：	出纳：	报销人：	

附件 2：转账支票

业务：ISO 认证（见附件 1、附件 2）

附件 1：ISO 认证费用报销单

报 销 单

填报日期：　　　年　　月　　日

姓名		所属部门		报销形式		
				支票号码		
报销项目		金额		报销项目		金额
				以上单据共　　张 金额小计		
总金额（大写）	仟 佰 拾 万 仟 佰 拾 元 角 分			预支费用金额		应缴费用金额

总经理：　　　　财务经理：　　　　部门经理：　　　　会计：　　　出纳：　　　报销人：

附件 2：转账支票

- -

业务：支付设备维护费（见附件1、附件2）

附件 1：设备维护费报销单

报 销 单

填报日期：　　年　月　日

姓名		所属部门		报销形式		
				支票号码		
报销项目		金额		报销项目		金额
				以上单据共　　张 金额小计		
总金额(大写)	仟　佰　拾　万　仟　佰　拾　元　角　分			预支备用金额		应缴备用金额
总经理：	财务经理：	部门经理：	会计：	出纳：		报销人：

附件2：转账支票

业务：固定资产折旧（见附件1）

附件1：固定资产折旧统计表

固定资产折旧统计表

年　　月　　日

项目	折旧额	备注
合计		

业务：计提企业所得税（见附件1）

附件1：企业所得税计算表

企业所得税计算表

年　　月　　日

项目	金额	备注
本期应纳税总额		
所得税率		
应纳所得税额		

业务：应收账款贴现（见附件1）

附件1：贴现的收款通知

交通银行北京市分行贴现凭证（收账通知）

填写日期　　年月日　　　第　　号

	全称		贴现	种类		号码	
账号		汇票	发票日	年月		
开户银行			到期日	年月		
汇票承兑单位（或银行）		账号		开户银行		
汇票金额（即贴现金额）	人民币（大写）				十亿千百十万千百十元角分
贴现率		贴现利息	百十万千百十元角分	实付贴现金额	十亿千百十万千百十元角分
上述款项已转入贵单位账户 此致 银行盖章 年 月			银行审批		

业务：**紧急采购原材料/产品（见附件1、附件2、附件3）**

附件1：采购发票

北京市国家税务局通用机打发票

机打代码 135020710135
机打号码 14562378
开票日期：

发票代码 135020710135
发票号码 14562378

行业分类：零售业

付款单位名称：			付款单位识别号：		
货物及劳务名称	规格	单位	单价	数量	金额
合计人民币（大写）：			合计：		
收款单位名称（盖章）：			收款单位开户银行及账号：		
收款单位识别号：			开票人：		备注：

第一联 发票联（贴货单位付款凭证（手开无效）

- -

附件2：收料单

收 料 单

年　月　日　　　　　　　　　　　　　　　　　　　编码：

材料编号	材料名称	规格	材质	单位	数量		实际单价	材料金额	运杂费	合计（材料实际成本）
					应收	实收				
供货单位				结算方法				计划单价	材料/计划成本	
备注										

主管：　　　　质量检验员：　　　仓库验收：　　　　　经办人：

附件 3：转账支票

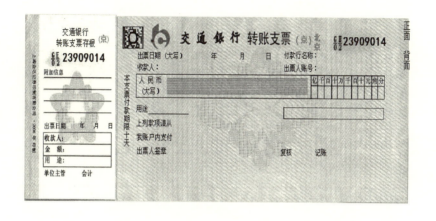

业务：出售库存（见附件 1、附件 2、附件 3）

附件 1：销售发票

附件 2：销售出库单

出 库 单

出货单位：　　　　　　　　　　　　　　年 月 日　　　　　　　单号：

提货单位或领货部门		销售单号		发出仓库		出库日期	
编号	名称及规格	单位	数　量		单价	金额	
			应发	实发			
合　计							

部门经理：　　　　　会计：　　　　　仓库：　　　　　经办人：

（业务联）

附件 3：银行进账单

交通银行 北京市分行进账单 （回单或收账通知）1

交款日期　年　月　日　第　号

付款人	全　称		收款人	全　称	
	账号或地址			账　号	
	开户银行			开户银行	
人民币（大写）				千百十万千百十元角分	
票据种类					
票据张数					
单位主管　会计　复核　记账				收款人开户银行盖章	

此联是收款人开户银行给收款人的回单或收账通知

业务：厂房贴现（见附件1、附件2）

附件1：固定资产调出单

固定资产调出单

年　月　日　　　凭证编号：

固定资产名称及编号	规格型号	单位	数量	预计使用年限	已使用年限	原始价值	已提折旧	评估价
固定资产调出原因								
处理意见	使用部分	技术评估小组		固定资产管理部门		使用部门		
	同意调出	确认价属实						

附件2：贴现应收账款

交通银行北京市分行贴现凭证（收账通知）

填写日期　年　月　日　　　第　　号

全称		贴现	种类			号码										
账号		汇票	发票日	年　月												
开户银行			到期日	年　月												
汇票承兑单位（或银行）		账号		开户银行												
汇票金额（即贴现金额）	人民币（大写）					十亿千百十万千百十元角分										
贴现率	贴现利息	百十万千百十元角分				实付贴现金额	十亿千百十万千百十元角分									
上述款项已转入你单位账户此致银行盖章　年　月					银行审批											

第二年原始凭证

业务：支付广告费（见附件1、附件2）

附件1：广告费发票

北京市服务业通用发票
INVOICE FOR SERVICE INDUSTRY

发票代码 235020870011
RECEIPT CODE

发票号码 20112201
INVOICE NUMBER

发 票 联
INVOICE

开票日期： INVOICE DATE				
机 打 代 码 PRINTING CODE			密 码 区 PASSWORD	
机 打 号 码 PRINTING NUMBER				
机 器 编 号 PRINTING MACHINE NUMBER				
付款方名称 NAME OF PAYER			纳税人识别号 PAYER'S ID CODE	
项目名称 PROJECT			金 额（元） AMOUNT (RMB)	
合计金额（元）（大写） TOTAL AMOUNT (RMB) IN CHINESE			￥	
备注： REMARK：			开票单位名称 NAME OF INVOICE DRAWER	
			纳税人识别号 PAYER'S ID CODE	

开票人：
INVOICE DRAWER

开票单位鉴章：
SEAL OF INVOICE DRAWER

第一联 发票联（INVOICE）

附件2：转账支票

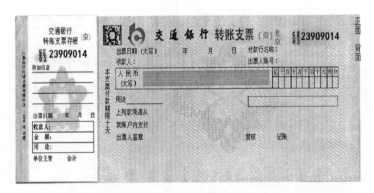

正面 背面

交通银行
转账支票存根
（京）
23909014

附加信息

出票日期 年 月 日
收款人：
金 额：
用 途：
单位主管 会计

交通银行 转账支票 （京）北京 23909014

出票日期（大写） 年 月 日 付款行名称：
收款人： 出票人账号：
人民币
（大写）
用途：
上列款项请从
我账户内支付
出票人签章 复核 记账

业务：长期贷款（见附件1、附件2）

附件1：贷款合同

贷款合同

借款单位：（以下简称借款方）＿＿＿＿＿＿有限公司

贷款单位：（以下简称贷款方）交通银行北京分行

借款方为发展需要，特向贷款方申请借款，经贷款方审核同意发放。为明确双方责任，恪守信用，特签订本合同，共同遵守。

第一，借款方向贷款方借款人民币（大写）＿＿＿＿＿＿，期限＿＿＿年，从＿＿＿年＿＿月＿＿日至＿＿＿年＿＿月＿＿日，年利率为10%。自支用贷款之日起，按年计算利息，到期归还本金。

第二，贷款方应如期向借款方发放贷款，否则，按违约数额和延期天数，付给借款方违约金。违约金数额的计算，与逾期贷款罚息相同，即为1%。

第三，贷款利率，按年利率10%。

第四，借款方应按协议使用贷款，不得转移用途。否则，贷款方有权提前终止协议。

第五，借款方保证按借款合同所订期限归还贷款本息。如需延期，借款方应在贷款到期前3天，提出延期申请，经贷款方同意，办理延期手续。但延期最长不得超过原订合同期限的一半。贷款方未同意延期或未办理延期手续的逾期贷款，加收罚息。

第六，借款方以房产（价值500万元）作为借款抵押，产权证件由贷款方（或公证机关）保管。公证费由借款方承担。

第七，贷款到期，若借款方未归还贷款，又未办理延期手续，则贷款方有权依照法律程序处理借款方作为贷款抵押的物资和财

产，抵还借款本息。

第八，本合同书正本 2 份，借、贷方各执 1 份。

第九，本合同自签订之日起生效，贷款本息全部偿清后失效。

借款单位（人）（签章）　　　　贷款单位：交通银行北京分行

负责人：林美莉　　　　　　　审批组长：林金

签约日期：＿＿＿年＿月＿日　　签约日期：＿＿＿年＿月＿日

附件 2：申请银行长期贷款，银行贷款发放

交通银行北京市分行贷款凭证（通 知） 编号

年 月 日

科目				对方科目		
账号	贷款单位名称	贷款种类	到期 年 月 日	还款次数	利 率
			年 月 日		%

贷款金额 人民币 （大写）		金 额
		亿 千 百 十 万 千 百 十 元 角 分

贷 款 用 途		备注：

上列款项根据单位申请已转入　　　　　账户

会计（主管）　　　　出纳　　　　复核　　　　记账

业务：支付长期贷款利息/长期贷款还款（见附件 1）

附件 1：支付银行利息

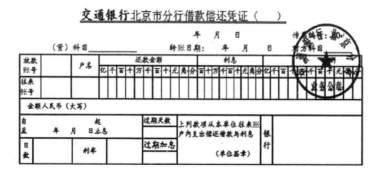

交通银行北京市分行借款偿还凭证（ ）

业务：支付上年应缴所得税（见附件1）

附件1：所得税缴税回单

北京电子缴税回单 国

隶属关系——　　　　　　　　　　　　电子缴税号

注册类型——　　　填发日期——　　　征收机关—— 北京市国税局征管分局

缴税单位	代码		收款国库	北京市国税局征管分局
	全称		国库账号	101010103
	账号		预算级次	所得税
	开户银行		国库开户银行	中央60%，地方40%
税款所属期			税款限缴日期	市国库

预算科目	税种税目	计税金额、销售收入或课税数量	税率或单位税额	已缴或扣除额	实缴税额
金额合计					

申报方式	征收方式	打印次数	上列款项已核记入收款单位账户。扣款日期—— 银行盖章	备注	

未加盖银行印章无效

第一联：纳税人留存

交通银行北京分行 业务公章

业务：短期贷款还本付息（见附件1）

附件1：借款利息回单

交通银行北京市分行借款偿还凭证（　）

年　月　日　　　　　传票编号：

（贷）科目________　　转账日期：　年　月　日　　对方科目____

放款账号		户名	还款金额	利息	
			亿 千 百 十 万 千 百 十 元 角 分	百 十 万 千 百 十 元 角 分	亿 千 百 十 万 千 百 十 元 角 分
往来账号					
金额人民币（大写）					

自　　起 至　年　月　日止息		过期天数	上列款项从本单位往来账户内支出偿还借款与利息 （单位签章）	银行	
日数	利率	过期加息			

交通银行北京分行 业务公章

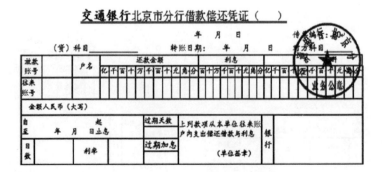

业务：申请短期贷款（见附件1、附件2）

附件1：贷款合同

贷款合同

借款单位：（以下简称借款方）_____有限公司

贷款单位：（以下简称贷款方）<u>交通银行北京分行</u>

借款方为发展需要，特向贷款方申请借款，经贷款方审核同意发放。为明确双方责任，恪守信用，特签订本合同，共同遵守。

第一，借款方向贷款方借款人民币（大写）_____，期限_____年，从_____年___月___日至_____年___月___日，年利率为5%。自支用贷款之日起，按年计算利息，到期归还本金。

第二，贷款方应如期向借款方发放贷款，否则，按违约数额和延期天数，付给借款方违约金。违约金数额的计算，与逾期贷款罚息相同，即为1%。

第三，贷款利率，按年利率5%。

第四，借款方应按协议使用贷款，不得转移用途。否则，贷款方有权提前终止协议。

第五，借款方保证按借款合同所订期限归还贷款本息。如需延期，借款方应在贷款到期前3天，提出延期申请，经贷款方同意，办理延期手续。但延期最长不得超过原订合同期限的一半。贷款方未同意延期或未办理延期手续的逾期贷款，加收罚息。

第六，借款方以房产（价值500万元）作为借款抵押，产权证件由贷款方（或公证机关）保管。公证费由借款方承担。

第七，贷款到期，若借款方未归还贷款，又未办理延期手续，则贷款方有权依照法律程序处理借款方作为贷款抵押的物资和财

产，抵还借款本息。

第八，本合同书正本 2 份，借、贷方各执 1 份。

第九，本合同自签订之日起生效，贷款本息全部偿清后失效。

借款单位（人）：（签章）

负责人：林美莉

签约日期：＿＿＿＿年＿月＿日

贷款单位：交通银行北京分行（签章）

审批组长：林金

签约日期：＿＿＿＿年＿月＿日

附件 2：短期贷款收账通知

交通银行北京市分行贷款凭证（通 知）　编号

年　　月　　日

科目				对方科目		
账号	贷款单位名称	贷款种类	到期 年 月 日	还款次数	利　　率	
			年　月　日		%	

贷款金额 人民币 （大写）		金　　　额									
		亿	千	百	十	万	千	百	十	元	角	分

贷　款　用　途	备注：
上列款项根据单位申请已转入	账户

会计（主管）　　　　　　出纳　　　　　　复核　　　　　　记账

业务：下原材料订单（见附件 1）

附件 1：原材料订单统计表

原材料订单统计表

年　　月　　日

原材料	订购量	备注
R1		
R2		
R3		
R4		
合计		

业务：购入原材料（见附件 1、附件 2、附件 3）

附件 1：原材料采购发票

北京市国家税务局通用机打发票

发票代码 135020710135

发票号码 14562378

机打代码：135020710135
机打号码 14562378
开票日期：
行业分类：零售业

付款单位名称：			付款单位识别号：		
货物及劳务名称	规格	单位	单价	数量	金额
合计人民币（大写）：			合计：		
收款单位名称（盖章）：		收款单位开户银行及账号：			
收款单位识别号：		开票人，		各注：	

- -

附件 2：收料单

收料单

年　月　日　　　　　　　　　　　　　　　　　　　编码：

材料编号	材料名称	规格	材质	单位	数量		实际单价	材料金额	运杂费	合计（材料实际成本）
					应收	实收				
供货单位				结算方法				计划单价		材料/计划成本
备注										

主管：　　　　质量检验员：　　　　仓库验收：　　　　经办人：

附件 3：转账支票

业务：更新生产（见附件 1、附件 2、附件 3）

附件 1：产品加工领料单

领 料 单

领料部门：

用　途：　　　　　　　　　　　　年　月　日　　　　　　第　　号

材料			单位	数量		成本			
编号	名称	规格		请领	实发	单价	总价		
							百十万千百十元角分		
合计									

部门经理：　　　　会计：　　　　仓库：　　　　经办人：

附件 2：产品加工费支付报销单

报 销 单

填报日期：　　年　月　日

姓名		所属部门		报销形式	
				支票号码	

报销项目	金额	报销项目	金额
		以上单据共　　张 金额小计	

总金额(大写)	仟	佰	拾	万	仟	佰	拾	元	角	分	预支备用金额		应激备用金额	

总经理：　　　财务经理：　　　部门经理：　　　会计：　　　出纳：　　　报销人：

附件 3：转账支票

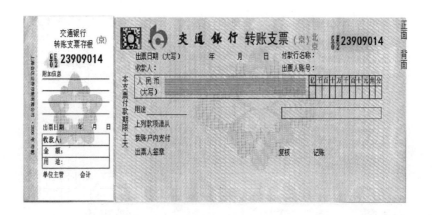

业务：产成品完工入库（见附件1）

附件1：产品入库单

入 库 单

年 月 日 单号 _____

交来单位及部门		发票号码或生产单号码		验收仓库		入库日期	

编号	名称及规格	单位	数 量		实际价格		计划价格		价格差异
			交库	实收	单价	金额	单价	金额	
合 计									

部 覆理： 合计： 仓库： 经办人：

- -

业务：购买厂房（附件1、附件2）

附件1：购买厂房发票

销售不动产统一发票

发票代码 110123335744

发票号码 45688258

开票日期：

机打代码	110123335744	密码区	0006 0789 2589 4561 2356		
机打号码	45688258				
机器号码	006589357				
付款方名称		身份证号/组织机构代码/纳税人识别号			
收款方名称		身份证号/组织机构代码/纳税人识别号			
不动产项目名称	不动产项目编号	销售的不动产楼牌号	建筑面积（ ）套内面积（ ）（单位：m²）	单价（单位：元/m²）	金额（元）	款 1.预售定金 项 2.预收购房款 性 3.购房款 质 4.其他（请注明）

合计金额（元）（大写）： ¥：

备注 主管税务机关及代码 4563258912

开票人： 开票单位签章：

第一联 发票联（付款方付款凭证）

万科房地产有限公司 000013560044008 发票专用章

附件 2：转账支票

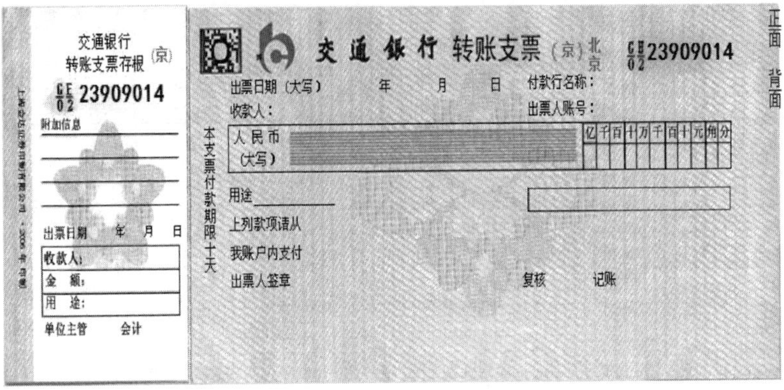

交通银行
转账支票存根（京）
GE 02 23909014
附加信息
出票日期 年 月 日
收款人：
金 额：
用 途：
单位主管 会计

交通银行 转账支票（京）北京 GE 02 23909014
出票日期（大写） 年 月 日 付款行名称：
收款人： 出票人账号：
本支票付款期限十天
人民币（大写） 亿 千 百 十 万 千 百 十 元 角 分
用途
上列款项请从
我账户内支付
出票人签章 复核 记账

正面 背面

业务：支付厂房租金（见附件 1、附件 2）

附件 1：租用厂房发票

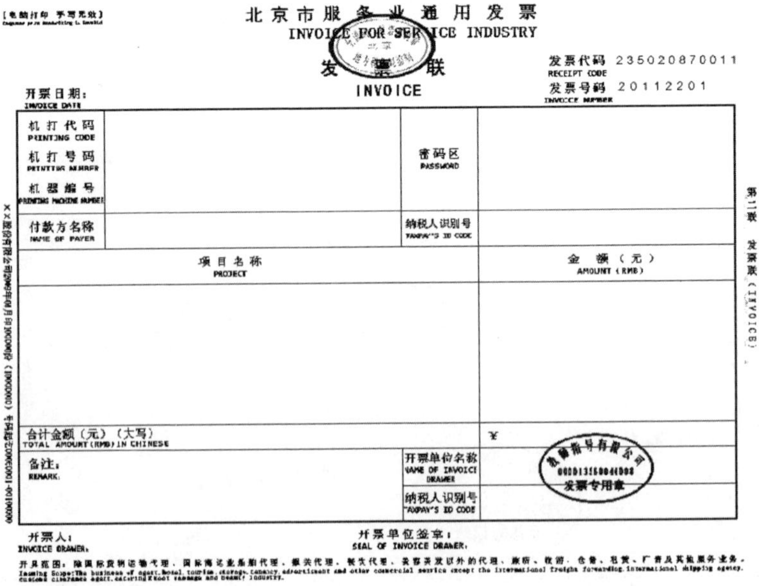

北京市服务业通用发票
INVOICE FOR SERVICE INDUSTRY
发票联
INVOICE
发票代码 235020870011
RECEIPT CODE
发票号码 20112201
INVOICE NUMBER
开票日期：
INVOICE DATE

机打代码 PRINTING CODE 机打号码 PRINTING NUMBER 机器编号 PRINTING MACHINE NUMBER		密码区 PASSWORD	
付款方名称 NAME OF PAYER		纳税人识别号 TAXPAYER'S ID CODE	
项目名称 PROJECT		金额（元）AMOUNT（RMB）	
合计金额（元）（大写） TOTAL AMOUNT (RMB) IN CHINESE		¥	
备注：REMARK:		开票单位名称 NAME OF INVOICE DRAWER	
		纳税人识别号 TAXPAYER'S ID CODE	

开票人：INVOICE DRAWER：
开票单位签章：SEAL OF INVOICE DRAWER：

第二联 发票联（INVOICE）

附件 2：转账支票

业务：新建生产线（见附件 1、附件 2、附件 3）

附件 1：购买生产线发票

附件2：固定资产验收单（在建完成）

固定资产验收单

年　月　日　　　　　　　　编号：

名　称	规格型号	来　源	数　量	购（造）价	使用年限	预计残值
安装费	月折旧率	建造单位		交工日期		附件
				年　月　日		
验收部门		验收人员		管理部门		管理人员
备注						

审核：　　　　　　　　制单：

附件3：转账支票

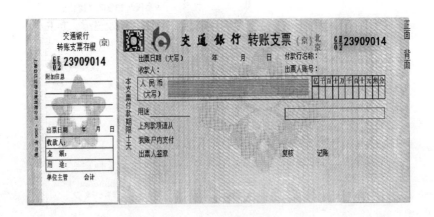

业务：**更新应收款**（见附件1）

附件1：银行进账单

交通银行 北京市分行进账单（回单或收账通知）1

交款日期　　年　　月　　日　　　　第　　　号

付款人	全　称		收款人	全　称										
	账号或地址			账　号										
	开户银行			开户银行										
人民币（大写）					千	百	十	万	千	百	十	元	角	分
票据种类														
票据张数														
单位主管　　会计　　复核　　记账				收款人开户银行盖章										

此联是收款人开户银行给收款人的回单或收账通知

业务：**销售产品**（见附件1、附件2、附件3）

附件1：销售产品发票

北京市国家税务局通用机打发票

记账联

机打代码135020710135　　　　发票代码135020710135
机打号码14562378　　　　　　发票号码14562378
开票日期：　　　　　行业分类：零售业

付款单位名称：		付款单位识别号：				
货物及劳务名称	规格	单位	单价	数量	金额	
合计人民币（大写）			合计：			
收款单位名称（盖章）：		收款单位开户银行及账号：				
收款单位识别号：	开票人：		备注：			

第二联 记账联（销货单位记账凭证）（手开无效）

××市国税厂字（销）第××年××月××份（税通×3）号印制

附件 2：产品出库单

出　库　单

出货单位：　　　　　　　　　　　　　年　月　日　　　　单号：

提货单位 或 领货部门		销售 单号		发出 仓库		出库 日期	
编号	名称及规格	单位	数　　量		单价	金额	
			应发	实发			
	合　　　计						

部门经理：　　　　　　会计：　　　　　　仓库：　　　　　　经办人：

（业务联）

附件 3：银行结算业务回单（零账期/应收款到期）

交通银行 北京市分行 进账单（回单或收账通知）1

交款日期　年　　月　　日　　第　　号

付 款 人	全　称		收 款 人	全　称	
	账号及地址			账　号	
	开户银行			开户银行	
人民币 （大写）				千百十万千百十元角分	
票据种类					
票据张数					

单位主管　会计　复核　记账　　　　　　　　　　收款人开户银行盖章

（业务公章）

此联是收款人开户银行给收款人的回单或收账通知

业务：产品研发投资（见附件1、附件2）

附件1：产品研发投资报销单

报 销 单

填报日期：　　年　月　日

姓名		所属部门			报销形式		
					支票号码		
报销项目		金额		报销项目		金额	
				以上单据共　张 金额小计			
总金额（大写）	仟 佰 拾 万 仟 佰 拾 元 角 分			预支备用金额		应激备用金额	
总经理：	财务经理：	部门经理：	会计：	出纳：		报销人：	

附件2：转账支票

业务：支付管理费（见附件 1、附件 2）

附件 1：管理费用报销单

报　销　单

填报日期：　　年　月　日

姓名		所属部门		报销形式	
				支票号码	

报 销 项 目	金 额	报 销 项 目	金 额
		以上单据共　张 金额小计	

总金额（大写）	仟 佰 拾 万 仟 佰 拾 元 角 分	预支备用金额		应缴备用金额	

总经理：　　　　财务经理：　　　　部门经理：　　　　会计：　　　　出纳：　　　　报销人：

- -

附件 2：转账支票

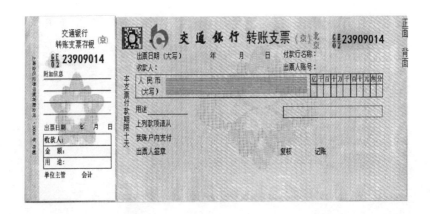

业务：新市场开拓（见附件1、附件2）

附件1：市场开拓费用报销单

报　销　单

填报日期：　　年　月　日

姓名		所属部门			报销形式			
					支票号码			
报销项目		金额		报销项目			金额	
					以上单据共　张 金额小计			
总金额（大写）	仟 佰 拾 万 仟 佰 拾 元 角 分			预支备用金额			应增备用金额	

总经理：　　　　财务经理：　　　　部门经理：　　　　会计：　　　　出纳：　　　　报销人：

附件2：转账支票

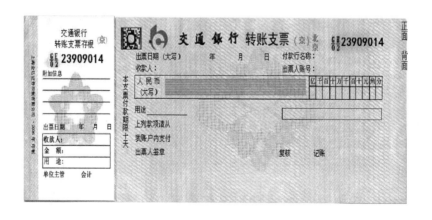

业务：**ISO 认证**（见附件 **1**、附件 **2**）

附件 1：ISO 认证费用报销单

报 销 单

填报日期：　　年　月　日

姓名		所属部门		报销形式	
				支票号码	

报销项目	金额	报销项目	金额
		以上单据共　　张 金额小计	

总金额(大写)	仟	佰	拾	万	仟	佰	拾	元	角	分	预支备用金额		应缴备用金额	

总经理：　　　财务经理：　　　部门经理：　　　会计：　　　出纳：　　　报销人：

附件 2：转账支票

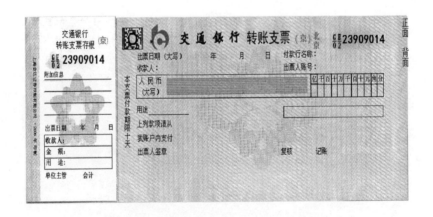

业务：支付设备维护费（见附件1、附件2）

附件1：设备维护费报销单

报　销　单

填报日期：　　年　月　日

姓名		所属部门		报销形式	
				支票号码	
报销项目		金额	报销项目		金额
			以上单据共　张 金额小计		
总金额（大写）	仟 佰 拾 万 仟 佰 拾 元 角 分	预支备用金额		应缴备用金额	

总经理：　　财务经理：　　部门经理：　　会计：　　出纳：　　报销人：

附件2：转账支票

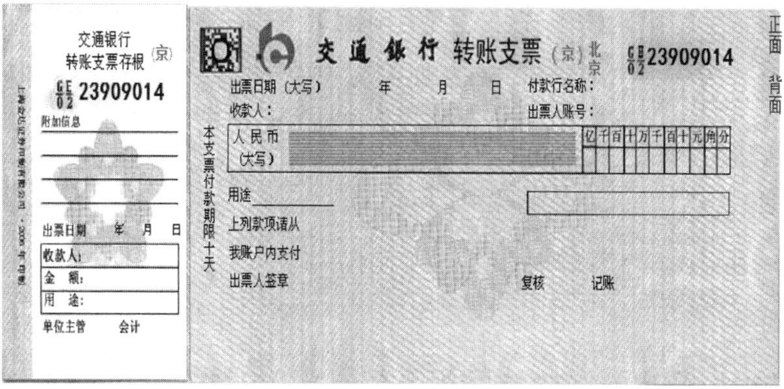

业务：固定资产折旧（见附件1）

附件1：固定资产折旧统计表

固定资产折旧统计表

年   月   日

项目	折旧额	备注
合计		

业务：计提企业所得税（见附件1）

附件1：企业所得税计算表

企业所得税计算表

年   月   日

项目	金额	备注
本期应纳税总额		
所得税率		
应纳所得税额		

业务：应收账款贴现（见附件1）

附件1：贴现的收款通知

交通银行北京市分行贴现凭证(收账通知)

填写日期　年　月　日　　　　第　号

全称		贴现汇票	种类		号码	
账号			发票日	年月		
开户银行			到期日	年月		
汇票承兑单位（或银行）		账号		开户银行		
汇票金额 （即贴现金额）	人民币 （大写）			十亿千百十万千百十元角分		
贴现率		贴现利息	百十万千百十元角分	实付贴现金额	十亿千百十万千百十元角分	
上述款项已转入你单位账户 此致 银行盖章 年　月　日		银行审批				

业务：紧急采购原材料/产品（见附件1、附件2、附件3）

附件1：采购发票

北京市国家税务局通用机打发票

机打代码:135020710135	发票代码135020710135
机打号码 14562378	发票号码 14562378
开票日期:	行业分类:零售业

付款单位名称:				付款单位识别号:		
货物及劳务名称	规格	单位	单价		数量	金额
合计人民币（大写）:				合计:		
收款单位名称：（盖章）			收款单位开户银行及账号:			
收款单位识别号:		开票人:		备注:	发票专用章	

附件2：收料单

收料单

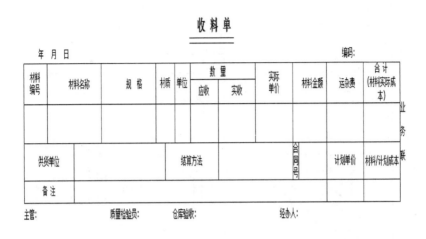

年 月 日   编码：

材料编号	材料名称	规 格	材质	单位	数 量		实际单价	材料金额	运杂费	合 计（材料实际成本）
					应收	实收				
供货单位				结算方法			合同编号		计划单价	材料/计划成本
备注										

主管：   质量检验员：   仓库验收：   经办人：

附件3：转账支票

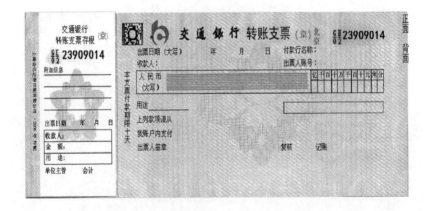

业务：出售库存（见附件1、附件2、附件3）

附件1：销售发票

北京市国家税务局通用机打发票

记账联

机打代码135020710135
机打号码11562378
开票日期：

行业分类：零售业

发票代码135020710135
发票号码14562378

付款单位名称：				付款单位识别号：		
货物及劳务名称	规格	单位	单价	数量	金额	
合计人民币（大写）：				合计：		
收款单位名称（盖章）：			收款单位开户银行及账号：			
收款单位识别号：		开票人：		备注：		

第二联 记账联（销货单位记账凭证）（手开无效）

附件2：销售出库单

出　库　单

出货单位：					年　月　日				单号：	
提货单位或领货部门		销售单号				发出仓库		出库日期		
编号	名称及规格		单位	数　量		单价	金额			
				应发	实发					
合　计										

部门经理：　　　　会计：　　　　　　仓库：　　　　　经办人：

附件 3：银行进账单

交通银行北京市分行进账单（回单或收账通知）1

交款日期　　年　　月　　日　　　　第　　　号

付款人	全 称		收款人	全 称										
	账号或地址			账 号										
	开户银行			开户银行										
人民币（大写）					千	百	十	万	千	百	十	元	角	分
票据种类														
票据张数														
单位主管　会计　复核　记账				收款人开户银行盖章										

此联是收款人开户银行给收款人的回单或收账通知

业务：**厂房贴现（见附件 1、附件 2）**

附件 1：固定资产调出单

固定资产调出单

年　　月　　日　　　　凭证编号：

固定资产名称及编号	规格型号	单位	数量	预计使用年限	已使用年限	原始价值	已提折旧	评估价
固定资产调出原因								
处理意见	使用部分		技术评估小组		固定资产管理部门		使用部门	
	同意调出		确认价属实					

附件 2：贴现应收账款

交通银行北京市分行贴现凭证(收账通知)

填写日期　　年　月　日　　　第　　号

			贴现	种类		号码										
	全称															
	账号		汇票	发票日	年　月											
	开户银行			到期日	年　月											
汇票承兑单位 （或银行）				账号		开户银行										
汇票金额	人民币						十	亿	千	百	十	万	千	百	十	元	角	分
（即贴现金额）	（大写）															
贴现率		贴现 利息	百	十	万	千	百	十	元	角	分	实付贴现 金额	十	亿	千	百	十	万	千	百	十	元	角	分
上述款项已转入你单位账户， 此致 银行盖章 年　月			银行审批									

第三年原始凭证

业务：支付广告费（见附件1、附件2）

附件1：广告费发票

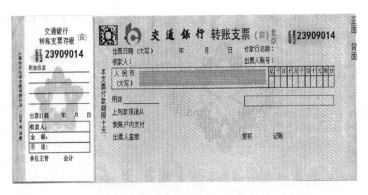

附件2：转账支票

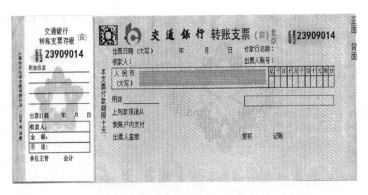

业务：长期贷款（见附件1、附件2）

附件1：贷款合同

贷款合同

借款单位：（以下简称借款方）＿＿＿＿＿＿有限公司

贷款单位：（以下简称贷款方）交通银行北京分行

借款方为发展需要，特向贷款方申请借款，经贷款方审核同意发放。为明确双方责任，恪守信用，特签订本合同，共同遵守。

第一，借款方向贷款方借款人民币（大写）＿＿＿＿＿＿，期限＿＿＿年，从＿＿＿年＿＿月＿＿日至＿＿＿年＿＿月＿＿日，年利率为10%。自支用贷款之日起，按年计算利息，到期归还本金。

第二，贷款方应如期向借款方发放贷款，否则，按违约数额和延期天数，付给借款方违约金。违约金数额的计算，与逾期贷款罚息相同，即为1%。

第三，贷款利率，按年利率10%。

第四，借款方应按协议使用贷款，不得转移用途。否则，贷款方有权提前终止协议。

第五，借款方保证按借款合同所订期限归还贷款本息。如需延期，借款方应在贷款到期前3天，提出延期申请，经贷款方同意，办理延期手续。但延期最长不得超过原订合同期限的一半。贷款方未同意延期或未办理延期手续的逾期贷款，加收罚息。

第六，借款方以房产（价值500万元）作为借款抵押，产权证件由贷款方（或公证机关）保管。公证费由借款方承担。

第七，贷款到期，若借款方未归还贷款，又未办理延期手续，则贷款方有权依照法律程序处理借款方作为贷款抵押的物资和财产，抵还借款本息。

第八，本合同书正本 2 份，借、贷方各执 1 份。

第九，本合同自签订之日起生效，贷款本息全部偿清后失效。

借款单位（大）（签章）

负责人：林美莉

签约日期：_____年__月__日

贷款单位：交通银行北京分行（签章）

审批组长：林金

签约日期：_____年__月__日

附件2：申请银行长期贷款，银行贷款发放

交通银行北京市分行贷款凭证（通　知）　编号

科目					对方科目		
账号	贷款单位名称	贷款种类	到期 年月日	还款次数	利　率		
			年　月　日		％		

贷款金额		金　额									
人民币 （大写）		亿	千	百	十	万	千	百	十	元	角 分

贷　款　用　途	备注：
上列款项根据单位申请已转入　　　　账户	

会计（主管）　　　出纳　　　　复核　　　　记账

- -

业务：支付长期贷款利息/长期贷款还款（见附件1）

附件1：支付银行利息

交通银行北京市分行借款偿还凭证（　　）

年　月　日

（贷）科目_____　　转账日期：年　月　日

贷款账号	户名	还款金额										利息										
		亿	千	百	十	万	千	百	十	元	角 分	百	十	万	千	百	十	元	角 分	亿	千	
往来账号																						

金额人民币（大写）

自	年 月 日起息		过期天数	上列款项从本单位往来账户内支出偿还借款与利息 （单位盖章）	银行	
至 日 数		利率	过期加息			

业务：支付上年应缴所得税（见附件1）

附件1：所得税缴税回单

北京电子缴税回单

隶属关系——				电子缴税号			
注册类型——		填发日期——		征收机关—— 北京市国税局征管分局			
缴税单位	代 码			收 款 国 库	北京市国税局征管分局		
	全 称			国 库 账 号	101010103		
	账 号			预 算 级 次	所得税		
	开户银行			国库开户银行	中央60%，地方40%		
	税款所属期			税款缴纳日期	市国库		
预算科目	税 种 税 目		计税金额、销售收入或课税数量	税率或单位税额	已缴或扣除额	实缴税额	
金额合计							
申报方式	征收方式	打印次数	上列款项已核记入收款单位账户。扣款日期—— 银行盖章		备注		

（未加盖银行印章无效）

（第一联：纳税人留存）

业务：短期贷款还本付息（见附件1）

附件1：借款利息回单

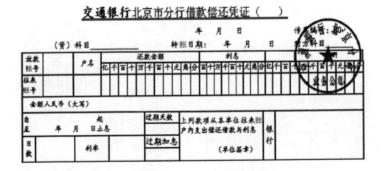

交通银行北京市分行借款偿还凭证（ ）

业务：申请短期贷款（见附件 1、附件 2）

附件 1：贷款合同

贷款合同

借款单位：（以下简称借款方）_____ 有限公司

贷款单位：（以下简称贷款方）交通银行北京分行

借款方为发展需要，特向贷款方申请借款，经贷款方审核同意发放。为明确双方责任，恪守信用，特签订本合同，共同遵守。

第一，借款方向贷款方借款人民币（大写）_____，期限_____ 年，从_____ 年___ 月___ 日至_____ 年___ 月___ 日，年利率为 5%。自支用贷款之日起，按年计算利息，到期归还本金。

第二，贷款方应如期向借款方发放贷款，否则，按违约数额和延期天数，付给借款方违约金。违约金数额的计算，与逾期贷款罚息相同，即为 1%。

第三，贷款利率，按年利率 5%。

第四，借款方应按协议使用贷款，不得转移用途。否则，贷款方有权提前终止协议。

第五，借款方保证按借款合同所订期限归还贷款本息。如需延期，借款方应在贷款到期前 3 天，提出延期申请，经贷款方同意，办理延期手续。但延期最长不得超过原订合同期限的一半。贷款方未同意延期或未办理延期手续的逾期贷款，加收罚息。

第六，借款方以房产（价值 500 万元）作为借款抵押，产权证件由贷款方（或公证机关）保管。公证费由借款方承担。

第七，贷款到期，若借款方未归还贷款，又未办理延期手续，则贷款方有权依照法律程序处理借款方作为贷款抵押的物资和财

产，抵还借款本息。

第八，本合同书正本 2 份，借、贷方各执 1 份。

第九，本合同自签订之日起生效，贷款本息全部偿清后失效。

借款单位（人）（签章）

负责人：林美莉

签约日期：_____年__月__日

贷款单位：交通银行北京分行（签章）

审批组长：林金

签约日期：_____年__月__日

附件2：短期贷款收账通知

交通银行北京市分行贷款凭证（通 知） 编号

年　　月　　日

科目				对方科目			
账号	贷款单位名称	贷款种类	到期 年 月 日	还款次数	利　　率		
			年　月　日		%		

贷款金额 人民币 （大写）	金　　　　额										
	亿	千	百	十	万	千	百	十	元	角	分

贷　款　用　途	备注：

上列款项根据单位申请已转入　　　　　　　账户

会计（主管）　　　　出纳　　　　　复核　　　　　记账

业务：下原材料订单（见附件1）

附件1：原材料订单统计表

原材料订单统计表

年　　月　　日

原材料	订购量	备注
R1		
R2		
R3		
R4		
合计		

业务：购入原材料（见附件 1、附件 2、附件 3）

附件 1：采购原材料发票

北京市国家税务局通用机打发票

发 票 联

发票代码 **135020710135**
发票号码 **14562378**

机打代码：35020710135
机打号码：14562378
开票日期：
行业分类：零售业

付款单位名称：				付款单位识别号：			
货物及劳务名称	规格	单位	单价	数量	金额		

合计人民币（大写）：　　　　　　合计：

收款单位名称（盖章）：　　　收款单位开户银行及账号：

收款单位识别号：　　开票人：　　备注：

附件 2：收料单

收料单

年　月　日　　　　　　　　　　编码：

材料编号	材料名称	规格	材质	单位	数量 应收	数量 实收	实际单价	材料金额	运杂费	合计（材料实际成本）
供货单位			结算方法		合同号		计划单价	材料/计划成本		
备注										

主管：　　　质量检验员：　　仓库验收：　　　经办人：

附件 3：转账支票

- -

业务：更新生产（见附件 1、附件 2、附件 3）

附件 1：产品加工领料单

领 料 单

领料部门：

用　途：　　　　　　　　　　　　　年　月　日　　　　　第　　号

材　料			单 位	数　量		成　本		
编号	名　称	规　格		请领	实发	单 价	总价 百十万千百十元角分	
合 计								

部门经理：　　　　　会计：　　　　　仓库：　　　　　经办人：

附件 2：产品加工费支付报销单

报 销 单

填报日期：　年　月　日

姓名		所属部门		报销形式			
				支票号码			
报销项目		金额		报销项目		金额	
				以上单据共　张 金额小计			
总金额(大写)	仟 佰 拾 万 仟 佰 拾 元 角 分			预支备用金额		应缴备用金额	

总经理：　　　财务经理：　　　部门经理：　　　会计：　　　出纳：　　　报销人：

附件 3：转账支票

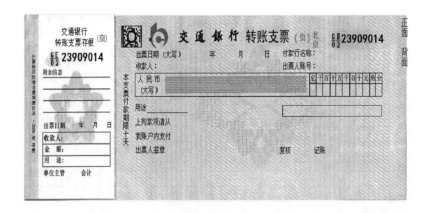

业务：产成品完工入库（见附件 1）

附件 1：产品入库单

入 库 单

年 月 日　　　　　　　　　　单号 _____

交来单位及部门			发票号码或生产单号码			验收仓库			入库日期		

编号	名称及规格	单位	数　量		实际价格		计划价格		价格差异
			交库	实收	单价	金额	单价	金额	
	合　计								

部门经理：　　　　　　会计：　　　　　　仓库：　　　　　　经办人：

（业务联）

- -

业务：购买厂房（见附件 1、附件 2）

附件 1：购买厂房发票

销售不动产统一发票

发票代码 110123335744

开票日期：　　　　　　　　　　　　　　　　发票号码 45688258

机打代码	110123335744	密码区	0006 0789 2589 4561 2356		
机打号码	45688258				
机器编号	006589357				
付款方名称		身份证号/组织机构代码/纳税人识别号			
收款方名称		身份证号/组织机构代码/纳税人识别号			
不动产项目名称	不动产项目编号	销售的不动产楼牌号	建筑面积（ ）套内面积（ ）（单位：m²）	单价（单位：元/ m²）	金额（元）	款项性质 1.预售定金 2.预收购房款 3.购房款 4.其他（请注明）

合计金额（元）（大写）：　　　　　　　　　　　　￥：

备注		主管税务机关及代码	4563258912

开票人：　　　　　　　　　　开票单位签章

第一联 发票联（付款方付款凭证）

附件 2：转账支票

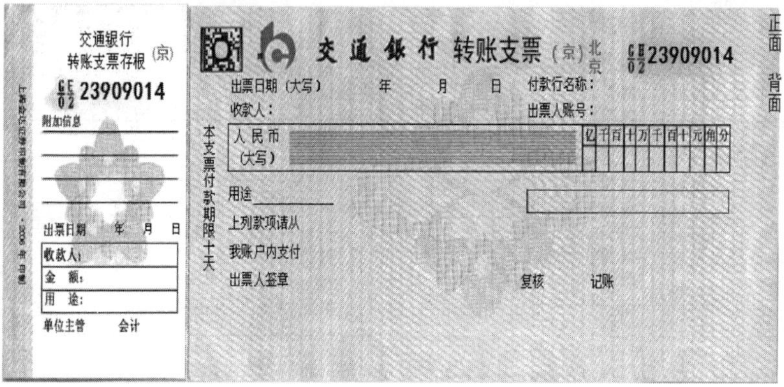

交通银行
转账支票存根（京）
GE 02 23909014
附加信息
出票日期　年　月　日
收款人：
金　额：
用　途：
单位主管　会计

交通银行 转账支票（京）北京 GE 02 23909014
出票日期（大写）　年　月　日　付款行名称：
收款人：　出票人账号：
本支票付款期限十天
人民币（大写）　亿 千 百 十 万 千 百 十 元 角 分
用途
上列款项请从
我账户内支付
出票人签章　复核　记账
正面　背面

业务：支付厂房租金（见附件 1、附件 2）

附件 1：租用厂房发票

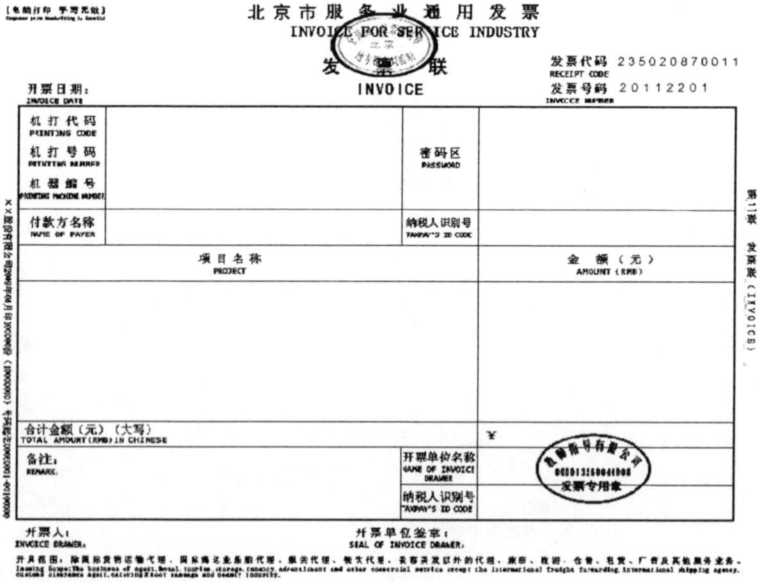

北京市服务业通用发票
INVOICE FOR SERVICE INDUSTRY
发票联
INVOICE

发票代码 RECEIPT CODE 235020870011
发票号码 INVOICE NUMBER 20112201

开票日期：INVOICE DATE

机打代码 PRINTING CODE 机打号码 PRINTING NUMBER 机器编号 PRINTING MACHINE NUMBER		密码区 PASSWORD	
付款方名称 NAME OF PAYER		纳税人识别号 TAXPAYER'S ID CODE	
项目名称 PROJECT		金额（元）AMOUNT（RMB）	
合计金额（元）（大写）TOTAL AMOUNT (RMB) IN CHINESE		¥	
备注：REMARK:	开票单位名称 NAME OF INVOICE DRAWER		
	纳税人识别号 TAXPAYER'S ID CODE		

开票人：INVOICE DRAWER:　开票单位签章：SEAL OF INVOICE DRAWER:

第二联 发票联（INVOICE）

附件2：转账支票

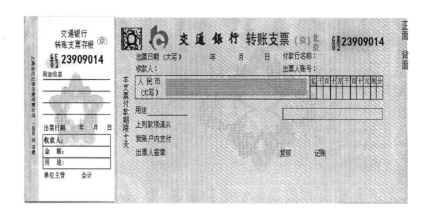

业务：新建生产线（见附件1、附件2、附件3）

附件1：购买生产线发票

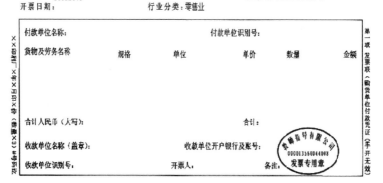

附件2：固定资产验收单（在建完成）

固定资产验收单

年　月　日　　　　　　　　　　　　　　　　　编号：

名　称	规格型号	来　源	数　量	购（造）价	使用年限	预计残值

安装费	月折旧率	建造单位	交工日期	附件
			年　月　日	

验收部门		验收人员		管理部门		管理人员	
备注							

审核：　　　　　　　制单：

附件3：转账支票

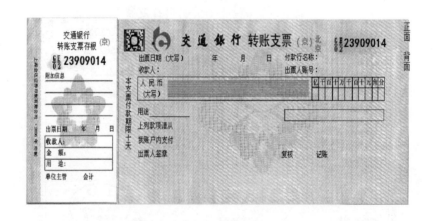

业务：更新应收款（见附件1）

附件1：银行进账单

交通银行北京市分行进账单（回单或收账通知）1

交款日期　年　月　日　第　号

付款人	全称		收款人	全称	
	账号或地址			账号	
	开户银行			开户银行	

人民币（大写）		千 百 十 万 千 百 十 元 角 分

票据种类	
票据张数	

单位主管　会计　复核　记账　　　收款人开户银行盖章

此联是收款人开户银行给收款人的回单或收账通知

业务：销售产品（见附件1、附件2、附件3）

附件1：销售产品发票

北京市国家税务局通用机打发票

记账联

机打代码135020710135
机打号码11562378
开票日期：
行业分类：零售业

发票代码135020710135
发票号码14562378

货物及劳务名称	规格	单位	单价	数量	金额
付款单位名称：　　付款单位识别号：

合计人民币（大写）：　　合计：

收款单位名称（盖章）：　　收款单位开户银行及账号：
收款单位识别号：　　开票人：　　备注：

第二联 记账联（销货单位记账凭证×手工开无效）

附件 2：产品出库单

出　库　单

出货单位：　　　　　　　　　　　　年　月　日　　　　　单号：

提货单位或领货部门		销售单号		发出仓库		出库日期	
编号	名称及规格	单位	数　量		单价	金额	业务联
			应发	实发			
合　　计							

部门经理：　　　　会计：　　　　　仓库：　　　　　经办人：

附件 3：银行结算业务回单（零账期/应收款到期）

交通银行 北京市分行进账单（回单或收账通知）1

交款日期　年　月　日　　第　号

付款人	全称		收款人	全称	
	账号或地址			账号	
	开户银行			开户银行	
人民币（大写）				千 百 十 万 千 百 十 元 角 分	
票据种类					
票据张数					
单位主管　会计　复核　记账			收款人开户银行盖章		

此联是收款人开户银行给收款人的回单或收账通知

业务：产品研发投资（见附件1、附件2）

附件1：产品研发投资报销单

报　销　单

填报日期：　　年　月　日

姓名		所属部门		报销形式	
				支票号码	

报销项目	金额	报销项目	金额
		以上单据共　　张 金额小计	

总金额 （大写）	仟 佰 拾 万 仟 佰 拾 元 角 分		预支备用金额		应增备用金额	

总经理：　　　　财务经理：　　　部门经理：　　　会计：　　　出纳：　　　报销人：

- -

附件2：转账支票

业务：支付管理费（见附件1、附件2）

附件1：管理费用报销单

报 销 单

填报日期：　　　年　月　日

姓名		所属部门			报销形式			
					支票号码			
报销项目		金额		报销项目			金额	
				以上单据共　　　张 全额小计				
总金额（大写）	仟　佰　拾　万　仟　佰　拾　元　角　分		预支备用金额			应缴备用金额		

总经理：　　　　财务经理：　　　　部门经理：　　　　会计：　　　　出纳：　　　　报销人：

附件2：转账支票

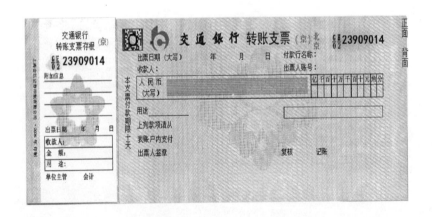

业务：新市场开拓（见附件1、附件2）

附件1：市场开拓费用报销单

报　销　单

填报日期：　　年　　月　　日

姓名		所属部门		报销形式		
				支票号码		
报　销　项　目		金　额		报　销　项　目		金　额
				以上单据共　张 全额小计		
总全额（大写）	仟 佰 拾 万 仟 佰 拾 元 角 分		预支备用金额		应缴备用金额	
总经理：	财务经理：	部门经理：	会计：	出纳：	报销人：	

附件2：转账支票

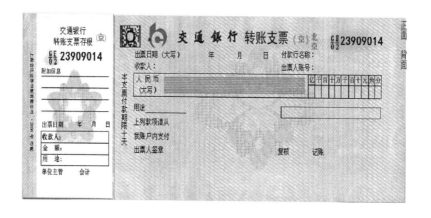

业务：ISO 认证（见附件 1、附件 2）

附件 1：ISO 认证费用报销单

报 销 单

填报日期：　　　年　月　日

姓名		所属部门		报销形式	
				支票号码	

报销项目	金额	报销项目	金额
		以上单据共　　张 金额小计	

总金额(大写)	仟	佰	拾	万	仟	佰	拾	元	角	分	预支备用金额		应缴备用金额	

总经理：　　　财务经理：　　　部门经理：　　　会计：　　　出纳：　　　报销人：

附件 2：转账支票

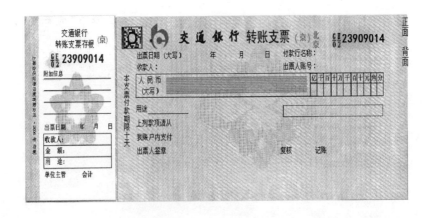

业务：支付设备维护费（见附件1、附件2）

附件1：设备维护费报销单

报　销　单

填报日期：　　年　月　日

姓名		所属部门		报销形式		
				支票号码		
报　销　项　目		金　额		报　销　项　目		金　额
				以上单据共　　张 金额小计		

| 总金额（大写） | 仟 | 佰 | 拾 | 万 | 仟 | 佰 | 拾 | 元 | 角 | 分 | 预支备用金额 | | 应缴备用金额 | |

总经理：　　　　财务经理：　　　　部门经理：　　　　会计：　　　　出纳：　　　　报销人：

- -

附件2：转账支票

业务：固定资产折旧（见附件1）

附件1：固定资产折旧统计表

固定资产折旧统计表

年　　月　　日

项目	折旧额	备注
合计		

业务：计提企业所得税（见附件1）

附件1：企业所得税计算表

企业所得税计算表

年　　月　　日

项目	金额	备注
本期应纳税总额		
所得税率		
应纳所得税额		

业务：应收账款贴现（见附件1）

附件1：贴现的收款通知

交通银行北京市分行贴现凭证(收账通知)

填写日期　年　月　日　　　第　号

全　称		贴现	种类			号码	
账　号		汇票	发票日	年　月			
开户银行			到期日	年　月			
汇票承兑单位 （或银行）		账号			开户银行		
汇票金额	人民币				十亿千百十万千百十元角分		
（即贴现金额）	（大写）						

贴现率		贴现 利息	亿十万千百十元角分	实付贴现 金额	十亿千百十万千百十元角分

上述款项已转入你单位账户

此致

银行盖章

年　月

银行审批

业务：紧急采购原材料/产品（见附件1、附件2、附件3）

附件1：采购发票

北京市国家税务局通用机打发票

发票联

机打代码 135020710135
机打号码 14562378
开票日期：

发票代码 135020710135
发票号码 14562378

行业分类：零售业

付款单位名称：			付款单位识别号：			
货物及劳务名称	规格	单位	单价	数量	金额	
合计人民币（大写）：			合计：			
收款单位名称（盖章）：			收款单位开户银行及账号：			
收款单位识别号：		开票人：		备注：		

第一联　发票联（购货单位付款凭证全手开无效）

发票专用章
000013560044098

附件 2：收料单

收 料 单

年 月 日   编码：

材料编号	材料名称	规 格	材质	单位	数 量		实际单价	材料金额	运杂费	合 计（材料实际成本）	
					应收	实收					业务联
供货单位				结算方法			合同号		计划单价	材料/计划成本	
备 注											

主管：　　　　质量检验员：　　　仓库验收：　　　　　经办人：

附件 3：转账支票

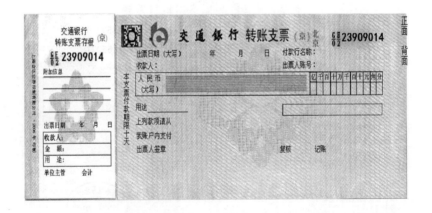

业务：出售库存（见附件1、附件2、附件3）

附件1：销售发票

北京市国家税务局通用机打发票

记 账 联

机打代码 135020710135
机打号码 14562378
开票日期：

发票代码 135020710135
发票号码 14562378

行业分类：零售业

付款单位名称：				付款单位识别号：		
货物及劳务名称	规格	单位		单价	数量	金额
合计人民币（大写）：				合计：		
收款单位名称（盖章）：				收款单位开户银行及账号：		
收款单位识别号：			开票人：		备注：	

附件2：销售出库单

出 库 单

出货单位：　　　　　　　　　年 月 日　　　　　　　单号：

提货单位或领货部门		销售单号		发出仓库		出库日期	
编号	名称及规格	单位	数　　量		单价	金额	
			应发	实发			
合　　计							

部门经理：　　　　　会计：　　　　　　仓库：　　　　　经办人：

附件3：银行进账单

交通银行北京市分行进账单（回单或收账通知）1

交款日期 年 月 日 第 号

付款人	全 称		收款人	全 称	
	账号或地址			账 号	
	开户银行			开户银行	

人民币（大写）				千 百 十 万 千 百 十 元 角 分

票据种类	
票据张数	

单位主管　　会计　　复核　　记账

收款人开户银行盖章

此联是收款人开户银行给收款人的回单或收账通知

业务：厂房贴现（见附件1、附件2）

附件1：固定资产调出单

固定资产调出单

年 月 日　　凭证编号：

固定资产名称及编号	规格型号	单位	数量	预计使用年限	已使用年限	原始价值	已提折旧	评估价
固定资产调出原因								
处理意见	使用部分		技术评估小组		固定资产管理部门		使用部门	
	同意调出		确认价属实					

附件 2：贴现应收账款

交通银行北京市分行贴现凭证 (收账通知)

填写日期　年　月　日　　　第　号

全称		贴现	种类		号码	
账号		汇票	发票日	年　月		
开户银行			到期日	年　月		

汇票承兑单位 (或银行)		账号		开户银行	

汇票金额	人民币					十亿千百十万千百十元角分
(即贴现金额)	(大写)					

贴现率		贴现利息	百十万千百十元角分	实付贴现金额	十亿千百十万千百十元角分

上述款项已转入你单位账户。 此致 银行盖章 年　月　日	银行审批

第四年原始凭证

业务：支付广告费（见附件1、附件2）

附件1：广告费发票

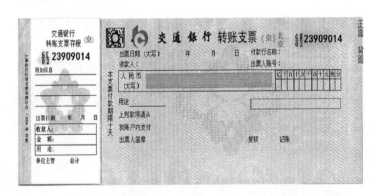

附件2：转账支票

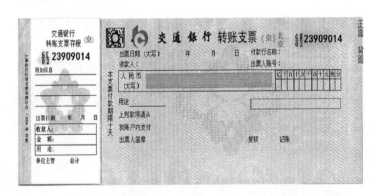

业务：长期贷款（见附件 1、附件 2）

附件 1：贷款合同

贷款合同

借款单位：（以下简称借款方）＿＿＿＿＿有限公司

贷款单位：（以下简称贷款方）**交通银行北京分行**

借款方为发展需要，特向贷款方申请借款，经贷款方审核同意发放。为明确双方责任，恪守信用，特签订本合同，共同遵守。

第一，借款方向贷款方借款人民币（大写）＿＿＿＿＿＿，期限＿＿＿年，从＿＿＿年＿＿月＿＿日至＿＿＿年＿＿月＿＿日，年利率为 10%。自支用贷款之日起，按年计算利息，到期归还本金。

第二，贷款方应如期向借款方发放贷款，否则，按违约数额和延期天数，付给借款方违约金。违约金数额的计算，与逾期贷款罚息相同，即为 1%。

第三，贷款利率，按年利率 10%。

第四，借款方应按协议使用贷款，不得转移用途。否则，贷款方有权提前终止协议。

第五，借款方保证按借款合同所订期限归还贷款本息。如需延期，借款方应在贷款到期前 3 天，提出延期申请，经贷款方同意，办理延期手续。但延期最长不得超过原订合同期限的一半。贷款方未同意延期或未办理延期手续的逾期贷款，加收罚息。

第六、借款方以房产（价值 500 万元）作为借款抵押，产权证件由贷款方（或公证机关）保管。公证费由借款方承担。

第七，贷款到期，若借款方未归还贷款，又未办理延期手续，则贷款方有权依照法律程序处理借款方作为贷款抵押的物资和财

产，抵还借款本息。

第八，本合同书正本 2 份，借、贷方各执 1 份。

第九，本合同自签订之日起生效，贷款本息全部偿清后失效。

借款单位（人）限公司（签章）　　贷款单位：交通银行北京分行

　　　　　　　　　　　　　　　　　　（签章）

负责人：林善莉　　　　　　　审批组长：林金

签约日期：＿＿＿＿年＿月＿日　　签约日期：＿＿＿＿年＿月＿日

附件 2：申请银行长期贷款，银行贷款发放

交通银行北京市分行贷款凭证（通 知） 编号

年 月 日

科目			对方科目	
账号	贷款单位名称	贷款种类	到期 年 月 日	还款次数	利 率

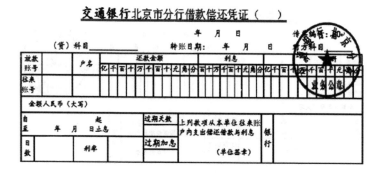

业务：支付长期贷款利息/长期贷款还款（见附件 1）

附件 1：支付银行利息

交通银行北京市分行借款偿还凭证（ ）

业务：支付上年应缴所得税（见附件1）

附件1：所得税缴税回单

北京电子缴税回单

隶属关系——				电子缴税号	
注册类型——		填发日期——		征收机关— 北京市国税局征管分局	

缴税单位	代 码		收款国库 北京市国税局征管分局	
	全 称		国库账号 101010103	
	账 号		预算级次 所薄税	
	开户银行		国库开户银行 中央60%，地方40%	
	税款所属期		税款限缴日期 市国库	

预算科目	税 种 税 目	计税金额、销售收入或课税数量	税率或单位税额	已缴或扣除额	实缴税额

金额合计					
申报方式	征收方式	打印次数	上列款项已核计入收款单位账户。扣款日期—— 银行盖章	备注	

未加盖银行印章无效

第一联：纳税人留存

业务：短期贷款还本付息（见附件1）

附件1：借款利息回单

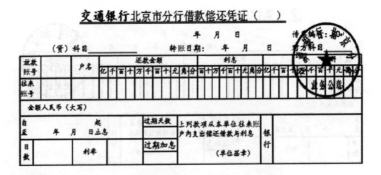

业务：申请短期贷款（见附件1、附件2）

附件1：贷款合同

贷款合同

借款单位：（以下简称借款方）_____有限公司

贷款单位：（以下简称贷款方）<u>交通银行北京分行</u>

借款方为发展需要，特向贷款方申请借款，经贷款方审核同意发放。为明确双方责任，恪守信用，特签订本合同，共同遵守。

第一，借款方向贷款方借款人民币（大写）_____，期限____年，从____年____月____日至____年____月____日，年利率为5%。自支用贷款之日起，按年计算利息，到期归还本金。

第二，贷款方应如期向借款方发放贷款，否则，按违约数额和延期天数，付给借款方违约金。违约金数额的计算，与逾期贷款罚息相同，即为1%。

第三，贷款利率，按年利率5%。

第四，借款方应按协议使用贷款，不得转移用途。否则，贷款方有权提前终止协议。

第五，借款方保证按借款合同所订期限归还贷款本息。如需延期，借款方应在贷款到期前3天，提出延期申请，经贷款方同意，办理延期手续。但延期最长不得超过原订合同期限的一半。贷款方未同意延期或未办理延期手续的逾期贷款，加收罚息。

第六，借款方以房产（价值500万元）作为借款抵押，产权证件由贷款方（或公证机关）保管。公证费由借款方承担。

第七，贷款到期，若借款方未归还贷款，又未办理延期手续，则贷款方有权依照法律程序处理借款方作为贷款抵押的物资和财

产，抵还借款本息。

　　第八，本合同书正本 2 份，借、贷方各执 1 份。

　　第九，本合同自签订之日起生效，贷款本息全部偿清后失效。

借款单位（人）（签章）　　　　贷款单位：交通银行北京分行

负责人：林美莉　　　　　　　　审批组长：林金

签约日期：_____年__月__日　　签约日期：_____年__月__日

附件 2：短期贷款收账通知

交通银行北京市分行贷款凭证（通知）　编号

　　　　　　　　　年　　月　　日

科目				对方科目		
账号	贷款单位名称	贷款种类	到期 年 月 日	还款次数	利　率	
			年 月 日		%	

贷款金额		金　额										
人民币		亿	千	百	十	万	千	百	十	元	角	分
（大写）												

贷　款　用　途	备注：
上列款项根据单位申请已转入　　　　账户	

会计（主管）　　　　出纳　　　　　复核　　　　　记账

业务：下原材料订单（见附件 1）

附件 1：原材料订单统计表

原材料订单统计表

　　　　　　　　　　　　　　　　年　　　月　　　日

原材料	订购量	备注
R1		
R2		
R3		
R4		
合计		

业务：购入原材料（见附件 1、附件 2、附件 3）

附件 1：采购原材料发票

北京市国家税务局通用机打发票

发票联

机打代码：135020710135　　　　　发票代码 135020710135
机打号码：14562378　　　　　　　　发票号码 14562378
开票日期：　　　　　　　　行业分类：零售业

付款单位名称：				付款单位识别号：		
货物及劳务名称	规格	单位	单价	数量		金额
合计人民币（大写）：				合计：		
收款单位名称（盖章）：			收款单位开户银行及账号：			
收款单位识别号：		开票人：		备注：		

第一联 发票联（购货单位付款凭证）（手开无效）

附件 2：收料单

收料单

　年　月　日　　　　　　　　　　　　　　　　编码：

材料编号	材料名称	规格	材质	单位	数量		实际单价	材料金额	运杂费	合计（材料实际成本）
					应收	实收				
供货单位			结算方法			合同号码		计划单价	材料/计划成本	
备注										

业务联

主管：　　　　质量检验员：　　　　仓库验收：　　　　经办人：

附件 3：转账支票

业务：更新生产（见附件 1、附件 2、附件 3）

附件 1：产品加工领料单

领 料 单

领料部门：
用　途：　　　　　　　　　　　　年　月　日　　　　　　　第　　号

材　料			单 位	数　量		成　本		
编号	名　称	规　格		请领	买发	单价	总价	
							百十万千百十元角分	
合计								

部门经理：　　　　会计：　　　　仓库：　　　　经办人：

附件2：产品加工费支付报销单

报 销 单

填报日期：　　年　月　日

姓名		所属部门		报销形式		
				支票号码		
报销项目		金额		报销项目		金额
				以上单据共　张 金额小计		
总金额（大写）	仟 佰 拾 万 仟 佰 拾 元 角 分		预支备用金额		应缴备用金额	
总经理：	财务经理：	部门经理：	会计：	出纳：	报销人：	

附件3：转账支票

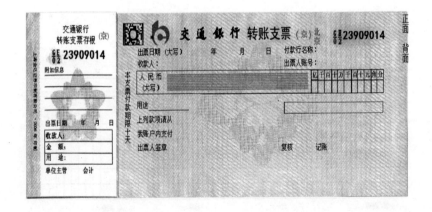

业务：产成品完工入库（见附件1）

附件1：产品入库单

入 库 单

年　月　日　　　　　　　　　　单号_____

交来单位及部门		发票号码或生产单号码		验收仓库		入库日期		业务联

编号	名称及规格	单位	数　量		实际价格		计划价格		价格差异
			交库	实收	单价	金额	单价	金额	
合　　计									

部门经理：　　　　　　　会计：　　　　　　　仓库：　　　　　　　经办人：

业务：购买厂房（见附件1、附件2）

附件1：购买厂房发票

销售不动产统一发票

发票代码 110123335744

开票日期：　　　　　　　　　　　　发票号码 45688258

机打代码	110123335744	密码区	0006 0789 2589 4561 2356	
机打号码	45688258			
机器号码	006589357			
付款方名称		身份证号/组织机构代码/纳税人识别号		
收款方名称		身份证号/组织机构代码/纳税人识别号		

不动产项目名称	不动产项目编号	销售的不动产楼牌号	建筑面积（　）套内面积（　）（单位：m²）	单价（单位：元/m²）	金额（元）	款1.预售定金 项2.预收购房款 性3.购房款 质4.其他（请注明）

合计金额（元）（大写）：　　　　　　　　　　　　　　￥：

备注		主管税务机关及代码	4563258912

开票人：　　　　　　　开票单位签章：

第一联 发票联（付款方付款凭证）

附件2：转账支票

业务：支付厂房租金（见附件1、附件2）

附件1：租用厂房发票

附件2：转账支票

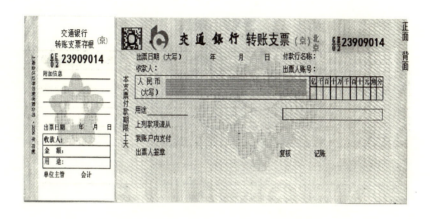

业务：新建生产线（见附件1、附件2、附件3）

附件1：购买生产线发票

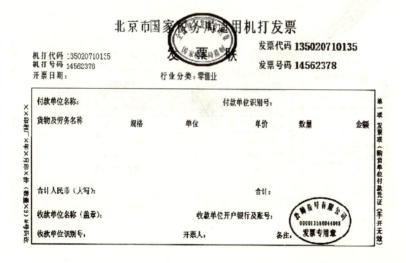

附件2：固定资产验收单（在建完成）

固定资产验收单

年　月　日　　　　　　　编号：

名　称	规格型号	来　源	数　量	购（造）价	使用年限	预计残值

安装费	月折旧率	建造单位		交工日期		附件
				年　月　日		

验收部门		验收人员		管理部门		管理人员	
备注							

审核：　　　　　　　制单：

附件3：转账支票

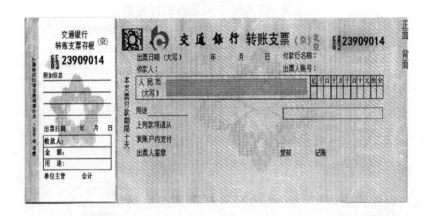

业务：**更新应收款**（见附件1）

附件1：银行进账单

交通银行北京市分行进账单（回单或收账通知）1

交款日期　　年　月　日　　　　第　　　号

付款人	全　称		收款人	全　称	
	账号或地址			账　号	
	开户银行			开户银行	
人民币（大写）				千 百 十 万 千 百 十 元 角 分	
票据种类					
票据张数					
单位主管　　会计　　复核　　记账				收款人开户银行盖章	

此联是收款人开户银行给收款人的回单或收账通知

业务：**销售产品**（见附件1、附件2、附件3）

附件1：销售产品发票

北京市国家税务局通用机打发票
记 账 联

机打代码135020710135　　　　　　　　　发票代码135020710135
机打号码11562378
开票日期：　　　　　　　　　　　　　　发票号码14562378
　　　　　　　　行业分类：零售业

付款单位名称：		付款单位识别号：			
货物及劳务名称	规格	单位	单价	数量	金额
合计人民币（大写）：			合计：		
收款单位名称（盖章）：		收款单位开户银行及账号：			
收款单位识别号：		开票人：	备注：		

第二联 记账联（销货单位记账凭证×手开无效）

附件 2：产品出库单

出 库 单

出货单位：   年 月 日   单号：

提货单位或领货部门		销售单号		发出仓库		出库日期	
编号	名称及规格	单位	数 量		单价	金额	
			应发	实发			
	合　计						

部门经理：   会计：   仓库：   经办人：

附件 3：银行结算业务回单（零账期/应收款到期）

交通银行北京市分行进账单（回单或收账通知）1

交款日期　年　月　日　第　号

付款人	全称		收款人	全称											
	账号或地址			账号											
	开户银行			开户银行											
人民币（大写）					千	百	十	万	千	百	十	元	角	分	
票据种类															
票据张数															
单位主管　会计　复核　记账				收款人开户银行盖章											

此联是收款人开户银行给收款人的回单或收账通知

业务：产品研发投资（见附件1、附件2）

附件1：产品研发投资报销单

报 销 单

填报日期：　　　年　　月　　日

姓名		所属部门			报销形式			
					支票号码			
报销项目			金 额		报销项目			金 额
					以上单据共　　　张 金额小计			
总金额 (大写)	仟 佰 拾 万 仟 佰 拾 元 角 分				预支备用金额		应冲备用金额	

总经理：　　　财务经理：　　　部门经理：　　　会计：　　　出纳：　　　报销人：

附件2：转账支票

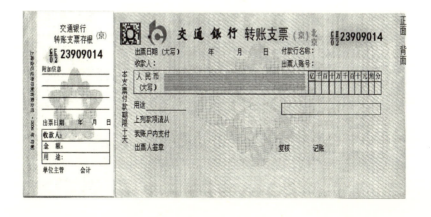

业务：支付管理费（见附件 1、附件 2）

附件 1：管理费用报销单

报 销 单

填报日期：　　年　月　日

姓名		所属部门		报销形式			
				支票号码			
报销项目		金额		报销项目			金额
				以上单据共　　张 金额小计			
总金额（大写）	仟 佰 拾 万 仟 佰 拾 元 角 分			预支备用金额		应缴备用金额	

总经理：　　　　财务经理：　　　　部门经理：　　　　会计：　　　出纳：　　　报销人：

附件 2：转账支票

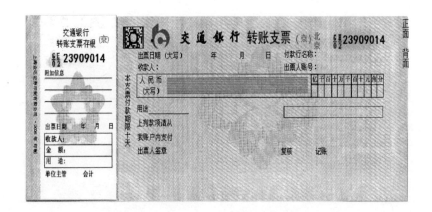

业务：新市场开拓（见附件 1、附件 2）

附件 1：市场开拓费用报销单

报　销　单

填报日期：　　年　月　日

姓名		所属部门		报销形式	
				支票号码	

报销项目	金额	报销项目	金额
		以上单据共　　张 金额小计	

总金额（大写）	仟	佰	拾	万	仟	佰	拾	元	角	分	预支备用金额		应缴备用金额	

总经理：　　　财务经理：　　　部门经理：　　　会计：　　　出纳：　　　报销人：

附件 2：转账支票

业务：**ISO 认证**（见附件 **1**、附件 **2**）

附件 1：ISO 认证费用报销单

报 销 单

填报日期：　　年　月　日

姓名		所属部门		报销形式		
				支票号码		
报销项目		金额		报销项目		金额
				以上单据共　张 金额小计		
总金额（大写）	仟 佰 拾 万 仟 佰 拾 元 角 分		预支备用金额		应缴备用金额	

总经理：　　　财务经理：　　　部门经理：　　　会计：　　　出纳：　　　报销人：

- -

附件 2：转账支票

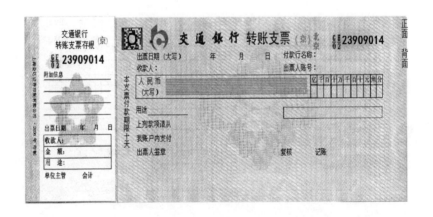

业务：支付设备维护费（见附件1、附件2）

附件1：设备维护费报销单

报 销 单

填报日期： 年 月 日

姓名		所属部门		报销形式	
				支票号码	

报销项目	金额	报销项目	金额
		以上单据共 张 金额小计	

| 总金额（大写） | 仟 佰 拾 万 仟 佰 拾 元 角 分 | 预支备用金额 | | 应缴备用金额 | |

总经理： 财务经理： 部门经理： 会计： 出纳： 报销人：

- -

附件2：转账支票

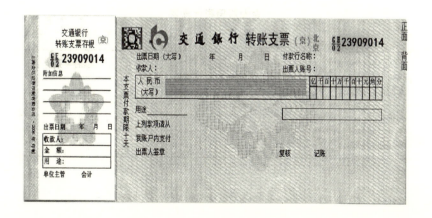

业务：固定资产折旧（见附件1）

附件1：固定资产折旧统计表

固定资产折旧统计表

年　　月　　日

项目	折旧额	备注
合计		

业务：计提企业所得税（见附件1）

附件1：企业所得税计算表

企业所得税计算表

年　　月　　日

项目	金额	备注
本期应纳税总额		
所得税率		
应纳所得税额		

业务：**应收账款贴现（见附件 1）**

附件 1：贴现的收款通知

交通银行北京市分行贴现凭证(收账通知)

填写日期　　年　月　日　　　　第　号

名 称		贴现	种 类		号码	
账 号		汇票	发票日	年 月		
开户银行			到期日	年 月		
汇票承兑单位 (或银行)		账号		开户银行		
汇票金额 (即贴现金额)	人民币 (大写)			十亿千百十万千百十元角分		
贴现率	贴现 利息	百十万千百十元角分	实付贴现 金 额	十亿千百十万千百十元角分		
上述款项已转入你单位账户 此致 银行盖章 年 月 日		银行审批				

业务：**紧急采购原材料/产品（见附件 1、附件 2、附件 3）**

附件 1：采购发票

北京市国家税务局通用机打发票

机打代码 135020710135
机打号码 14562378
开票日期：

发票代码 **135020710135**
发票号码 **14562378**

行业分类：零售业

付款单位名称：			付款单位识别号：			
货物及劳务名称	规格	单位	单价	数量	金额	
合计人民币（大写）：				合计：		
收款单位名称（盖章）：			收款单位开户银行及账号：			
收款单位识别号：		开票人：		备注：		

00001356004400B
发票专用章

第一联 发票联（购货单位付款凭证）（手开无效）

附件 2：收料单

收料单

年 月 日　　　　　　　　　　　　　　　　　　　　　　编码：

材料编号	材料名称	规格	材质	单位	数量		实际单价	材料金额	运杂费	合计(材料实际成本)	
					应收	实收					业务联
供货单位			结算方法				合同号	计划单价		材料/计划成本	
备注											

主管：　　　　　质量检验员：　　　仓库验收：　　　　　　经办人：

附件 3：转账支票

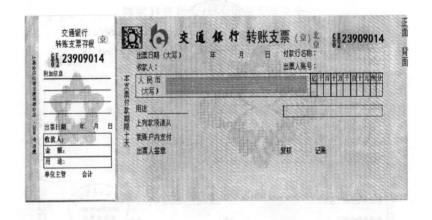

业务：出售库存（见附件1、附件2、附件3）

附件1：销售发票

北京市国家税务局通用机打发票

记账联

机打代码135020710135
机打号码11562378
开票日期：

行业分类：零售业

发票代码**135020710135**
发票号码**14562378**

付款单位名称：　　　　　　　　　付款单位识别号：

货物及劳务名称	规格	单位	单价	数量	金额

合计人民币（大写）：　　　　　　合计：

收款单位名称（盖章）：　　　　收款单位开户银行及账号：

收款单位识别号：　　　　开票人：　　　　备注：

附件2：销售出库单

出 库 单

出货单位：　　　　　　　年　月　日　　　　单号：

提货单位或领货部门		销售单号		发出仓库		出库日期	
编号	名称及规格	单位	数量		单价	金额	
			应发	实发			
合　计							

部门经理：　　　　会计：　　　　　仓库：　　　　　经办人：

附件 3：银行进账单

交通银行北京市分行进账单（回单或收账通知）1

<table>
<tr><td colspan="2" rowspan="6"></td><td colspan="3">交款日期　　年　　月　　日　　　第　　号</td></tr>
</table>

付款人	全　称		收款人	全　称	
	账号或地址			账　号	
	开户银行			开户银行	
人民币（大写）					千 百 十 万 千 百 十 元 角 分
票据种类					
票据张数					
单位主管　会计　复核　记账				收款人开户银行盖章	

此联是收款人开户银行给收款人的回单或收账通知

业务：厂房贴现（见附件 1、附件 2）

附件 1：固定资产调出单

固定资产调出单

年　　月　　日　　　凭证编号：

固定资产名称及编号	规格型号	单位	数量	预计使用年限	已使用年限	原始价值	已提折旧	评估价
固定资产调出原因								
处理意见	使用部分	技术评估小组		固定资产管理部门		使用部门		
	同意调出	确认价属实						

附件 2：贴现应收账款

交通银行北京市分行贴现凭证(收账通知)

填写日期　年　月　日　　　第　号

全称		贴现	种类		号码	
账号		汇票	发票日	年月		
开户银行			到期日	年月		

| 汇票承兑单位(或银行) | | 账号 | | 开户银行 | |

| 汇票金额(即贴现金额) | 人民币(大写) | | | 十亿千百十万千百十元角分 |

| 贴现率 | | 贴现利息 | 百十万千百十元角分 | 实付贴现金额 | 十亿千百十万千百十元角分 |

上述款项已转入你单位账户
此致
银行盖章
　年　月

银行审批

第五年原始凭证

业务：支付广告费（见附件1、附件2）

附件1：广告费发票

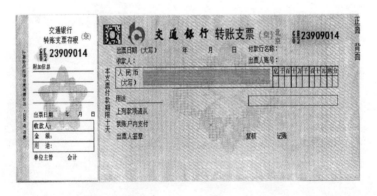

附件2：转账支票

业务：长期贷款（见附件1、附件2）

附件1：贷款合同

贷款合同

借款单位：（以下简称借款方）_____ 有限公司

贷款单位：（以下简称贷款方）交通银行北京分行

借款方为发展需要，特向贷款方申请借款，经贷款方审核同意发放。为明确双方责任，恪守信用，特签订本合同，共同遵守。

第一，借款方向贷款方借款人民币（大写）_____，期限_____年，从_____年___月___日至_____年___月___日，年利率为 10%。自支用贷款之日起，按年计算利息，到期归还本金。

第二，贷款方应如期向借款方发放贷款，否则，按违约数额和延期天数，付给借款方违约金。违约金数额的计算，与逾期贷款罚息相同，即为 1%。

第三，贷款利率，按年利率 10%。

第四，借款方应按协议使用贷款，不得转移用途。否则，贷款方有权提前终止协议。

第五，借款方保证按借款合同所订期限归还贷款本息。如需延期，借款方应在贷款到期前 3 天，提出延期申请，经贷款方同意，办理延期手续。但延期最长不得超过原订合同期限的一半。贷款方未同意延期或未办理延期手续的逾期贷款，加收罚息。

第六，借款方以房产（价值 500 万元）作为借款抵押，产权证件由贷款方（或公证机关）保管。公证费由借款方承担。

第七，贷款到期，若借款方未归还贷款，又未办理延期手续，则贷款方有权依照法律程序处理借款方作为贷款抵押的物资和财

产，抵还借款本息。

第八，本合同书正本 2 份，借、贷方各执 1 份。

第九，本合同自签订之日起生效，贷款本息全部偿清后失效。

借款单位（人）：　　　（签章）

负责人：林美莉

签约日期：＿＿＿＿年＿月＿日

贷款单位：交通银行北京分行

（签章）

审批组长：林金

签约日期：＿＿＿＿年＿月＿日

附件2：申请银行长期贷款，银行贷款发放

交通银行北京市分行贷款凭证（通　知）　　编号

年　月　日

科目				对方科目			
账号	贷款单位名称	贷款种类	到期 年 月 日	还款次数	利　率		
			年　月　日			％	

贷款金额
人民币
（大写）

金　额

亿千百十万千百十元角分

贷　款　用　途

备注：

上列款项根据单位申请已转入　　　账户

会计（主管）　　　　出纳　　　　　复核　　　　　记账

业务：支付长期贷款利息/长期贷款还款（见附件1）

附件1：支付银行利息

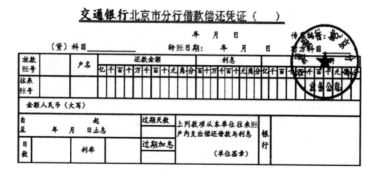

业务：支付上年应缴所得税（见附件1）

附件1：所得税缴税回单

隶属关系——						电子缴税号	
注册类型——		填发日期——				征收机关——北京市国税局征管分局	

北京电子缴税回单

缴税单位	代　码			收款国库	北京市国税局征管分局
	全　称			国库账号	101010103
	账　号			预算级次	所课税
	开户银行			国库开户银行	中央60%，地方40%
	税款所属期			税款缴缴日期	市国库

预算科目	税种税目	计税金额、销售收入或课税数量	税率或单位税额	已缴或扣除额	实缴税额

金额合计					
申报方式	征收方式	打印次数	上列款项已核记入收款单位账户。扣款日期——	备注	
			银行盖章		

（左侧）未加盖银行印章无效

（右侧）第一联：纳税人留存

业务：短期贷款还本付息（见附件1）

附件1：借款利息回单

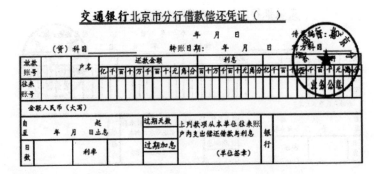

业务：申请短期贷款（见附件1、附件2）

附件1：贷款合同

贷款合同

借款单位：（以下简称借款方）_____有限公司

贷款单位：（以下简称贷款方）交通银行北京分行

借款方为发展需要，特向贷款方申请借款，经贷款方审核同意发放。为明确双方责任，恪守信用，特签订本合同，共同遵守。

第一，借款方向贷款方借款人民币（大写）_____，期限_____年，从_____年___月___日至_____年___月___日，年利率为5%。自支用贷款之日起，按年计算利息，到期归还本金。

第二，贷款方应如期向借款方发放贷款，否则，按违约数额和延期天数，付给借款方违约金。违约金数额的计算，与逾期贷款罚息相同，即为1%。

第三，贷款利率，按年利率5%。

第四，借款方应按协议使用贷款，不得转移用途。否则，贷款方有权提前终止协议。

第五，借款方保证按借款合同所订期限归还贷款本息。如需延期，借款方应在贷款到期前3天，提出延期申请，经贷款方同意，办理延期手续。但延期最长不得超过原订合同期限的一半。贷款方未同意延期或未办理延期手续的逾期贷款，加收罚息。

第六，借款方以房产（价值500万元）作为借款抵押，产权证件由贷款方（或公证机关）保管。公证费由借款方承担。

第七，贷款到期，若借款方未归还贷款，又未办理延期手续，则贷款方有权依照法律程序处理借款方作为贷款抵押的物资和财

产，抵还借款本息。

第八，本合同书正本 2 份，借、贷方各执 1 份。

第九，本合同自签订之日起生效，贷款本息全部偿清后失效。

借款单位（人）　　（签章）　　　贷款单位：交通银行北京分行

负责人：林美莉　　　　　　　　审批组长：林金

签约日期：＿＿＿＿年＿月＿日　　签约日期：＿＿＿＿年＿月＿日

附件 2：短期贷款收账通知

交通银行北京市分行贷款凭证（通 知） 编号

年 月 日

科目				对方科目		
账号	贷款单位名称	贷款种类	到期年月日	还款次数	利 率	
			年 月 日		%	

贷款金额 人民币 （大写）		金 额
		亿 千 百 十 万 千 百 十 元 角 分

贷款用途	备注：
上列款项根据单位申请已转入	账户

会计（主管）　　　　出纳　　　　复核　　　　记账

- -

业务：下原材料订单（见附件1）

附件 1：原材料订单统计表

原材料订单统计表

年　　月　　日

原材料	订购量	备注
R1		
R2		
R3		
R4		
合计		

业务：购入原材料（见附件1、附件2、附件3）

附件1：采购原材料发票

北京市国家税务局通用机打发票

发票代码 135020710135

发票号码 14562378

机打代码 135020710135
机打号码 14562378
开票日期：

行业分类：零售业

付款单位名称：				付款单位识别号：			
货物及劳务名称	规格	单位		单价	数量		金额
合计人民币（大写）：					合计：		
收款单位名称（盖章）：				收款单位开户银行及账号：			
收款单位识别号：				开票人：		备注：	

（右侧竖排）第一联 发票联（购货单位付款凭证（手工开具无效）

（左侧竖排）××公司（印章）××年×月×日开（限额×3）号专用发票

附件2：收料单

收料单

年 月 日									编码：

材料编号	材料名称	规格	材质	单位	数量		实际单价	材料金额	运杂费	合计（材料实际成本）
					应收	实收				
供货单位			结算方法					计划单价		材料/计划成本
备注										

主管：　　　　质量检验员：　　　　仓库验收：　　　　经办人：

附件 3：转账支票

业务：更新生产（见附件1、附件2、附件3）

附件 1：产品加工领料单

领　料　单

领料部门：

用　途：　　　　　　　　　　年　月　日　　　　　第　　号

材　料			单　位	数　量		成　本										
编号	名　称	规　格		请　领	实　发	单　价	总价									
							百	十	万	千	百	十	元	角	分	
合计																

部门经理：　　　　会计：　　　　　仓库：　　　　　经办人：

附件2：产品加工费支付报销单

报 销 单

填报日期：　　年　月　日

姓名		所属部门		报销形式		
				支票号码		
报销项目		金额		报销项目		金额
				以上单据共　　张 金额小计		
总金额（大写）	仟 佰 拾 万 仟 佰 拾 元 角 分		预支备用金额		应缴备用金额	

总经理：　　　财务经理：　　　部门经理：　　　会计：　　　出纳：　　　报销人：

附件3：转账支票

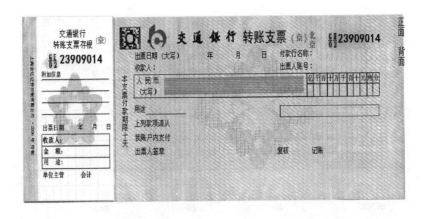

附件 2：转账支票

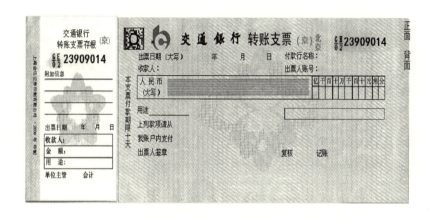

业务：新建生产线（见附件 1、附件 2、附件 3）

附件 1：购买生产线发票

附件 2：固定资产验收单（在建完成）

固定资产验收单

年　月　日　　　　　　　　　　　　　　编号：

名　称	规格型号	来　源	数　量	购（造）价	使用年限	预计残值

安装费	月折旧率	建造单位	交工日期	附件
			年　月　日	

验收部门		验收人员		管理部门		管理人员	

备注	

审核：　　　　　　制单：

附件 3：转账支票

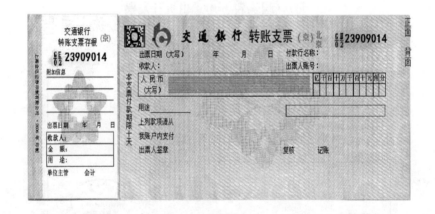

业务：更新应收款（见附件1）

附件1：银行进账单

交通银行北京市分行进账单（回单或收账通知）1

交款日期 年 月 日 第 号

付款人	全称		收款人	全称	
	账号及地址			账号	
	开户银行			开户银行	

人民币（大写）		千 百 十 万 千 百 十 元 角 分

票据种类	
票据张数	

单位主管 会计 复核 记账

收款人开户银行盖章

此联是收款人开户银行通知收款人的回单或收账通知

业务：销售产品（见附件1、附件2、附件3）

附件1：销售产品发票

北京市国家税务局通用机打发票

记账联

机打代码135020710135
机打号码11562378
开票日期：

发票代码135020710135
发票号码14562378

行业分类：零售业

付款单位名称：			付款单位识别号：		
货物及劳务名称	规格	单位	单价	数量	金额
合计人民币（大写）：			合计：		
收款单位名称（盖章）：		收款单位开户银行及账号：			
收款单位识别号：		开票人：		备注：	

第二联 记账联（销货单位记账凭证X手开无效）

××××厂×市×县×年×月×日（院通X3）=白色

附件 2：产品出库单

出 库 单

出货单位：　　　　　　　　　　　年　月　日　　　　　　　单号：

提货单位或领货部门		销售单号		发出仓库		出库日期		
编号	名称及规格	单位	数　　量		单价	金额		业
			应发	实发				务
								联
	合　　　计							

部门经理：　　　　　会计：　　　　　　　仓库：　　　　　　经办人：

附件 3：银行结算业务回单（零账期/应收款到期）

交通银行 北京市分行 进账单（回单或收账通知）1

交款日期　年　月　日　第　　号

付款人	全　称		收款人	全　称												
	账号或地址			账　号												
	开户银行			开户银行												
人民币（大写）					千	百	十	万	千	百	十	元	角	分		
票据种类																
票据张数																
单位主管　会计　复核　记账				收款人开户银行盖章												

此联是收款人开户银行给收款人的回单或收账通知

业务：产品研发投资（见附件1、附件2）

附件1：产品研发投资报销单

报　销　单

填报日期：　　年　月　日

姓名		所属部门			报销形式			
					支票号码			
报销项目		金额		报销项目			金额	
				以上单据共　　张 全额小计				
总金额（大写）	仟 佰 拾 万 仟 佰 拾 元 角 分		预支备用金额			应缴备用金额		

总经理：　　　　财务经理：　　　　部门经理：　　　　会计：　　　出纳：　　　报销人：

附件2：转账支票

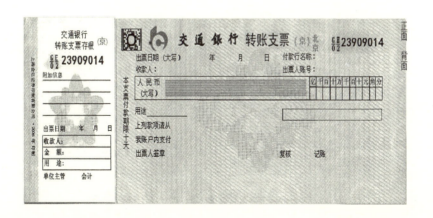

业务：支付管理费（见附件1、附件2）

附件1：管理费用报销单

报 销 单

填报日期：　　年　　月　　日

姓名		所属部门		报销形式		
				支票号码		
报销项目		金额		报销项目		金额
				以上单据共　　张 金额小计		
总金额（大写）	仟 佰 拾 万 仟 佰 拾 元 角 分		预支备用金额		应增备用金额	

总经理：　　　财务经理：　　　部门经理：　　　会计：　　　出纳：　　　报销人：

附件2：转账支票

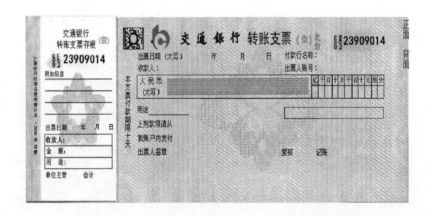

业务：新市场开拓（见附件1、附件2）

附件1：市场开拓费用报销单

报 销 单

填报日期：　　年　月　日

姓名		所属部门		报销形式		
				支票号码		
报销项目		金额		报销项目		金额
				以上单据共　　张 金额小计		
总金额（大写）	仟 佰 拾 万 仟 佰 拾 元 角 分		预支备用金额		应缴备用金额	

总经理：　　　　财务经理：　　　　部门经理：　　　　会计：　　　　出纳：　　　　报销人：

附件2：转账支票

业务：**ISO 认证**（见附件 **1**、附件 **2**）

附件 1：ISO 认证费用报销单

报 销 单

填报日期：　　年　　月　　日

姓名		所属部门		报销形式		
				支票号码		

报销项目	金额	报销项目	金额
		以上单据共　　张 全额小计	

总金额（大写）	仟 佰 拾 万 仟 佰 拾 元 角 分	预支备用金额		应缴备用金额	

总经理：　　　　财务经理：　　　　部门经理：　　　　会计：　　　　出纳：　　　　报销人：

附件 2：转账支票

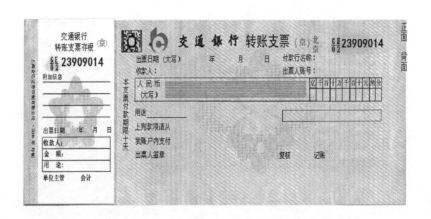

业务：支付设备维护费（见附件1、附件2）

附件1：设备维护费报销单

报 销 单

填报日期： 年 月 日

姓名		所属部门		报销形式			
				支票号码			
报销项目		金额		报销项目		金额	
				以上单据共	张 金额小计		
总金额（大写）	仟 佰 拾 万 仟 佰 拾 元 角 分		预支备用金额		应缴备用金额		

总经理： 财务经理： 部门经理： 会计： 出纳： 报销人：

- -

附件2：转账支票

业务：固定资产折旧（见附件1）

附件1：固定资产折旧统计表

固定资产折旧统计表

年　　月　　日

项目	折旧额	备注
合计		

- -

业务：计提企业所得税（见附件1）

附件1：企业所得税计算表

企业所得税计算表

年　　月　　日

项目	金额	备注
本期应纳税总额		
所得税率		
应纳所得税额		

业务：应收账款贴现（见附件1）

附件1：贴现的收款通知

交通银行北京市分行贴现凭证(收账通知)

填写日期 年 月 日 第 号

全 称			贴现	种类			号码			
账 号			汇票	发票日		年月				
开户银行				到期日		年月				
汇票承兑单位 （或银行）			账号			开户银行				
汇票金额 （即贴现金额）	人民币 （大写）					十亿千百十万千百十元角分				
贴现率		贴现 利息	百十万千百十元角分		实付贴现 金 额	十亿千百十万千百十元角分				
上述款项已转入你单位账户 此致 银行盖章 年 月			银 行 审 批							

- -

业务：紧急采购原材料/产品（见附件1、附件2、附件3）

附件1：采购发票

北京市国家税务局通用机打发票

发票代码 135020710135

发票号码 14562378

机打代码 135020710135
机打号码 14562378
开票日期：

行业分类：零售业

付款单位名称：		付款单位识别号：			
货物及劳务名称	规格	单位	单价	数量	金额
合计人民币（大写）：			合计：		
收款单位名称（盖章）：		收款单位开户银行及账号：			
收款单位识别号：		开票人：	备注：		

附件 2：收料单

收 料 单

年 月 日　　　　　　　　　　　　　　　　　　　　　　　编码：

材料编号	材料名称	规 格	材质	单位	数 量		实际单价	材料金额	运杂费	合 计（材料实际成本）
					应收	实收				
供货单位				结算方法			合同号	计划单价	材料/计划成本	
备注										

主管：　　　　　　质量检验员：　　　仓库验收：　　　　　　　经办人：

附件 3：转账支票

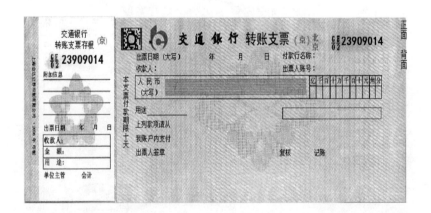

业务：出售库存（见附件1、附件2、附件3）

附件1：销售发票

北京市国家税务局通用机打发票

记账联

机打代码135020710135
机打号码14562378
开票日期：

发票代码135020710135

发票号码14562378

行业分类：零售业

付款单位名称：			付款单位识别号：		
货物及劳务名称	规格	单位	单价	数量	金额
合计人民币（大写）：			合计：		
收款单位名称（盖章）：			收款单位开户银行及账号：		
收款单位识别号：		开票人：		备注：	

（竖排文字左侧）开票日期：××年××月××日（竖排文字右侧）第二联 记账联（销货单位记账凭证）（手开无效）

附件2：销售出库单

出　库　单

出货单位：　　　　　　　　　　　年　月　日　　　　　　单号：

提货单位或领货部门		销售单号		发出仓库		出库日期	
编号	名称及规格	单位	数　　量		单价	金额	
			应发	实发			
	合　计						

部门经理：　　　　　会计：　　　　　　仓库：　　　　　经办人：

（右侧竖排）业务联

附件3：银行进账单

交通银行北京市分行进账单（回单或收账通知）1

交款日期　年　月　日　　　第　　号

付款人	全　称		收款人	全　称	
	账号或地址			账　号	
	开户银行			开户银行	
人民币（大写）				千百十万千百十元角分	
票据种类					
票据张数					
单位主管　会计　复核　记账				收款人开户银行盖章	

业务：厂房贴现（见附件1、附件2）

附件1：固定资产调出单

固定资产调出单

年　月　日　　凭证编号：

固定资产名称及编号	规格型号	单位	数量	预计使用年限	已使用年限	原始价值	已提折旧	评估价
固定资产调出原因								
处理意见	使用部分		技术评估小组		固定资产管理部门		使用部门	
	同意调出		确认价属实					

附件 2：贴现应收账款

交通银行北京市分行贴现凭证(收账通知)

填写日期　　年　月　　日　　　第　号

	全　称		贴现	种　类		号码		
	账　号		汇票	发票日	年　月			
	开户银行			到期日	年　月			
汇票承兑单位 (或银行)			账号		开户银行			

汇票金额	人民币							十亿千百十万千百十元角分
(即贴现金额)	(大写)							

贴现率		贴现 利息	百十万千百十元角分		实付贴现 金　额	十亿千百十万千百十元角分

上述款项已转入你单位账户 　此致 银行盖章 　　年　月	银 行 审 批

第六年原始凭证

业务：支付广告费（见附件1、附件2）

附件1：广告费发票

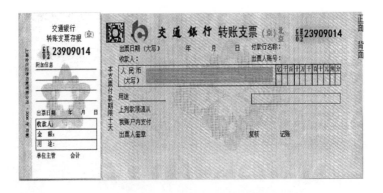

北京市服务业通用发票
INVOICE FOR SERVICE INDUSTRY

发票联
INVOICE

发票代码 235020870011
RECEIPT CODE
发票号码 20112201
INVOICE NUMBER

开票日期：
INVOICE DATE

机打代码 PRINTING CODE		密码区 PASSWORD	
机打号码 PRINTING NUMBER			
机器编号 PRINTING MACHINE NUMBER			
付款方名称 NAME OF PAYER		纳税人识别号 TAXPAYER'S ID CODE	

| 项目名称 PROJECT | 金额（元） AMOUNT（RMB） |

合计金额（元）（大写）
TOTAL AMOUNT (RMB) IN CHINESE
￥

备注 REMARK

开票单位名称 NAME OF INVOICE DRAWER
纳税人识别号 TAXPAYER'S ID CODE

发票专用章

开票人 INVOICE DRAWER
开票单位签章 SEAL OF INVOICE DRAWER

第二联 发票联（INVOICE）

附件2：转账支票

交通银行 转账支票存根（京）
CH 02 23909014
附加信息

出票日期　年　月　日
收款人：
金额：
用途：
单位主管　会计

交通银行 转账支票（京）北京 CH 02 23909014

出票日期（大写）　年　月　日　付款行名称：
收款人：　　　　　　　　　出票人账号：
人民币（大写）

用途
上列款项请从我账户内支付
出票人签章　　　复核　　记账

正面
背面

业务：长期贷款（见附件1、附件2）

附件1：贷款合同

贷款合同

借款单位：（以下简称借款方）＿＿＿＿＿有限公司

贷款单位：（以下简称贷款方）交通银行北京分行

借款方为发展需要，特向贷款方申请借款，经贷款方审核同意发放。为明确双方责任，恪守信用，特签订本合同，共同遵守。

第一，借款方向贷款方借款人民币（大写）＿＿＿＿＿＿，期限＿＿＿年，从＿＿＿年＿＿月＿＿日至＿＿＿年＿＿月＿＿日，年利率为10%。自支用贷款之日起，按年计算利息，到期归还本金。

第二，贷款方应如期向借款方发放贷款，否则，按违约数额和延期天数，付给借款方违约金。违约金数额的计算，与逾期贷款罚息相同，即为1%。

第三，贷款利率，按年利率10%。

第四，借款方应按协议使用贷款，不得转移用途。否则，贷款方有权提前终止协议。

第五，借款方保证按借款合同所订期限归还贷款本息。如需延期，借款方应在贷款到期前3天，提出延期申请，经贷款方同意，办理延期手续。但延期最长不得超过原订合同期限的一半。贷款方未同意延期或未办理延期手续的逾期贷款，加收罚息。

第六，借款方以房产（价值500万元）作为借款抵押，产权证件由贷款方（或公证机关）保管。公证费由借款方承担。

第七，贷款到期，若借款方未归还贷款，又未办理延期手续，则贷款方有权依照法律程序处理借款方作为贷款抵押的物资和财

产，抵还借款本息。

　　第八，本合同书正本 2 份，借、贷方各执 1 份。

　　第九，本合同自签订之日起生效，贷款本息全部偿清后失效。

借款单位（人）限 公司（签章）　　　　贷款单位：交通银行北京分行（签章）

负责人：林美莉　　　　　　　　　　　审批组长：林金

签约日期：＿＿＿＿年＿月＿日　　　　签约日期：＿＿＿＿年＿月＿日

附件2：申请银行长期贷款，银行贷款发放

交通银行北京市分行贷款凭证（通　知）　编号

年　月　日

科目				对方科目			
账号	贷款单位名称	贷款种类	到期年月日	还款次数	利　率		
			年　月　日		％		

贷款金额 人民币 （大写）		金　　额									
		亿	千	百	十	万	千	百	十	元	角 分

贷款用途	备注：
上列款项根据单位申请已转入	账户

会计（主管）　　　　出纳　　　　　复核　　　　　记账

业务：支付长期贷款利息/长期贷款还款（见附件1）

附件1：支付银行利息

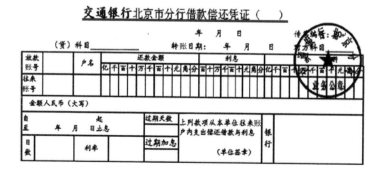

交通银行北京市分行借款偿还凭证（　　）

年　月　日　　转账日期：　年　月　日

业务：支付上年应缴所得税（见附件1）

附件1：所得税缴税回单

北京电子缴税回单

国

隶属关系——

注册类型——　　　　填发日期——

电子缴税号

征收机关—— 北京市国税局征管分局

缴税单位	代　码		收款国库	北京市国税局征管分局
	全　称		国库账号	101010103
	账　号		预算级次	所得税
	开户银行		国库开户银行	中央60%，地方40%
税款所属期			税款限缴日期	市国库

预算科目	税种税目	计税金额、销售收入或课税数量	税率或单位税额	已缴或扣除额	实缴税额
金额合计					

申报方式	征收方式	打印次数	上列款项已核记入收款单位账户。扣款日期—— 银行盖章	备注	

未加盖银行印章无效

第一联：纳税人留存

交通银行北京分行 业务公章

业务：短期贷款还本付息（见附件1）

附件1：借款利息回单

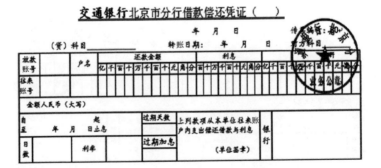

交通银行北京市分行借款偿还凭证（　）

年　月　日　　借据编号：

（贷）科目＿＿＿＿　　转账日期：　年　月　日　　借方科目＿＿＿＿

放款账号		户名	还款金额	利息	[illegible]
			亿 千 百 十 万 千 百 十 元 角 分	百 十 万 千 百 十 元 角 分	亿 千 百 十 万 千 百 十 元 角 分
往来账号					
金额人民币（大写）					

自　　起 至　年　月　日止息			过期天数	上列款项从本单位往来账户内支出偿还借款与利息 （单位签章）	银行	
日数		利率		过期加息		

交通银行北京分行 业务公章

业务：申请短期贷款（见附件 1、附件 2）

附件 1：贷款合同

贷款合同

借款单位：（以下简称借款方）_____有限公司

贷款单位：（以下简称贷款方）交通银行北京分行

借款方为发展需要，特向贷款方申请借款，经贷款方审核同意发放。为明确双方责任，恪守信用，特签订本合同，共同遵守。

第一，借款方向贷款方借款人民币（大写）_____，期限____年，从____年__月__日至____年__月__日，年利率为 5%。自支用贷款之日起，按年计算利息，到期归还本金。

第二，贷款方应如期向借款方发放贷款，否则，按违约数额和延期天数，付给借款方违约金。违约金数额的计算，与逾期贷款罚息相同，即为 1%。

第三，贷款利率，按年利率 5%。

第四，借款方应按协议使用贷款，不得转移用途。否则，贷款方有权提前终止协议。

第五，借款方保证按借款合同所订期限归还贷款本息。如需延期，借款方应在贷款到期前 3 天，提出延期申请，经贷款方同意，办理延期手续。但延期最长不得超过原订合同期限的一半。贷款方未同意延期或未办理延期手续的逾期贷款，加收罚息。

第六，借款方以房产（价值 500 万元）作为借款抵押，产权证件由贷款方（或公证机关）保管。公证费由借款方承担。

第七，贷款到期，若借款方未归还贷款，又未办理延期手续，则贷款方有权依照法律程序处理借款方作为贷款抵押的物资和财

产，抵还借款本息。

第八，本合同书正本 2 份，借、贷方各执 1 份。

第九，本合同自签订之日起生效，贷款本息全部偿清后失效。

借款单位（人）（签章）　　　贷款单位：交通银行北京分行

　　　　　　　（签章）

负责人：林美莉　　　　　　　审批组长：林金

签约日期：＿＿＿＿年＿月＿日　　签约日期：＿＿＿＿年＿月＿日

附件 2：短期贷款收账通知

交通银行北京市分行贷款凭证（通 知）　编号

年　月　日

科目				对方科目		
账号	贷款单位名称	贷款种类	到期 年 月 日	还款次数	利　率	
			年　月　日		%	

贷款金额 人民币 （大写）		金　额										
		亿	千	百	十	万	千	百	十	元	角	分

贷　款　用　途	备注：
上列款项据单位申请已转入	账户

会计（主管）　　　　出纳　　　　　复核　　　　　记账

业务：下原材料订单（见附件 1）

附件 1：原材料订单统计表

原材料订单统计表

年　　月　　日

原材料	订购量	备注
R1		
R2		
R3		
R4		
合计		

业务：购入原材料（见附件1、附件2、附件3）

附件1：采购原材料发票

北京市国家税务局通用机打发票

发票联

机打代码 135020710135
机打号码 14562378
开票日期：

发票代码 135020710135
发票号码 14562378

行业分类：零售业

付款单位名称：			付款单位识别号：			
货物及劳务名称	规格	单位	单价	数量	金额	
合计人民币（大写）：				合计：		
收款单位名称（盖章）：			收款单位开户银行及账号：			
收款单位识别号：		开票人：		备注：		

第一联 发票联（购货单位付款凭证（手开无效））

附件2：收料单

收 料 单

年　月　日　　　　　　　　　　　　　　　　　　编码：

材料编号	材料名称	规格	材质	单位	数量		实际单价	材料金额	运杂费	合计（材料实际成本）
					应收	实收				
供货单位			结算方法		合同号			计划单价	材料/计划成本	
备注										

主管：　　　　质量检验员：　　　仓库验收：　　　　　经办人：

附件 3：转账支票

业务：更新生产（见附件 1、附件 2、附件 3）

附件 1：产品加工领料单

领 料 单

领料部门：
用　　途：　　　　　　　　　年 月 日　　　　　第　　号

材料			单 位	数量		成本		
						单 价	总价	
编号	名 称	规 格		请 领	实 发		百十万千百十元角分	
合 计								

部门经理：　　　　　会计：　　　　　仓库：　　　　　经办人：

附件 2：产品加工费支付报销单

报 销 单

填报日期：　　年　　月　　日

姓名		所属部门		报销形式		
				支票号码		
报销项目		金额		报销项目		金额
				以上单据共　　张 金额小计		
总金额（大写）	仟 佰 拾 万 仟 佰 拾 元 角 分		预支备用金额		应堂备用金额	

总经理：　　　　财务经理：　　　　部门经理：　　　　会计：　　　　出纳：　　　　报销人：

附件 3：转账支票

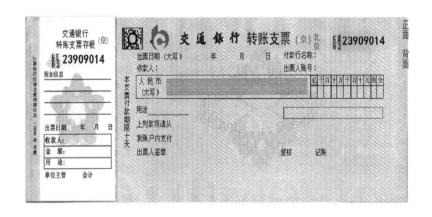

业务：产成品完工入库（见附件1）

附件1：产品入库单

入 库 单

年 月 日   单号 _____

交来单位 及部门		发票号码或 生产单号码		验收 仓库			入库 日期		

编号	名称及规格	单位	数　　量		实际价格		计划价格		价格 差异
			交库	实收	单价	金额	单价	金额	
	合　　计								

部门经理：　　　　　　会计：　　　　　　仓库：　　　　　　经办人：

业务：购买厂房（见附件1、附件2）

附件1：购买厂房发票

销售不动产统一发票

发票代码 110123335744

开票日期：　　　　　　　　　　　　　发票号码 45688258

机打代码	110123335744	密 码 区	0006 0789 2589 4561 2356		
机打号码	45688258				
机器号码	006589357				
付款方名称		身份证号/组织机构 代码/纳税人识别号			
收款方名称		身份证号/组织机构 代码/纳税人识别号			
不动产项目 名称	不动产项 目编号	销售的不动产 楼牌号	建筑面积（ ） 套内面积（ ） （单位：m²）	单价 （单位： 元/m²）	金额（元）

款 1.预售定金
项 2.预收购房款
性 3.购房款
质 4.其他（请注明）

合计金额（元）（大写）：　　　　　　　　　　　　　　¥：

备注		主管税务 机关及代码	4563258912

00001356004 4008

开票人：　　　　　　　　　　　开票单位签章：

第一联 发票联（付款方付款凭证）

业务联

附件 2：转账支票

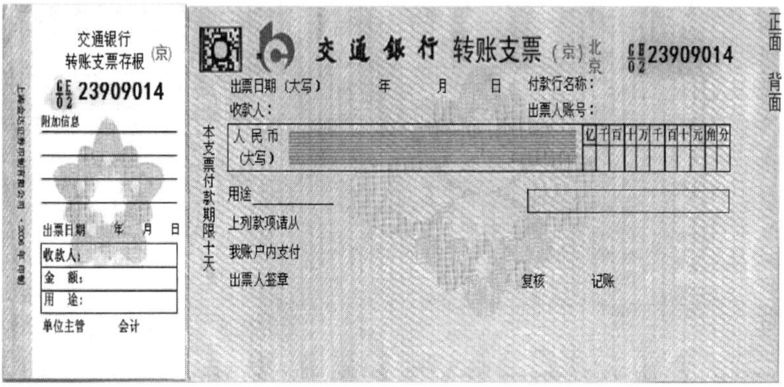

业务：**支付厂房租金（见附件 1、附件 2）**

附件 1：租用厂房发票

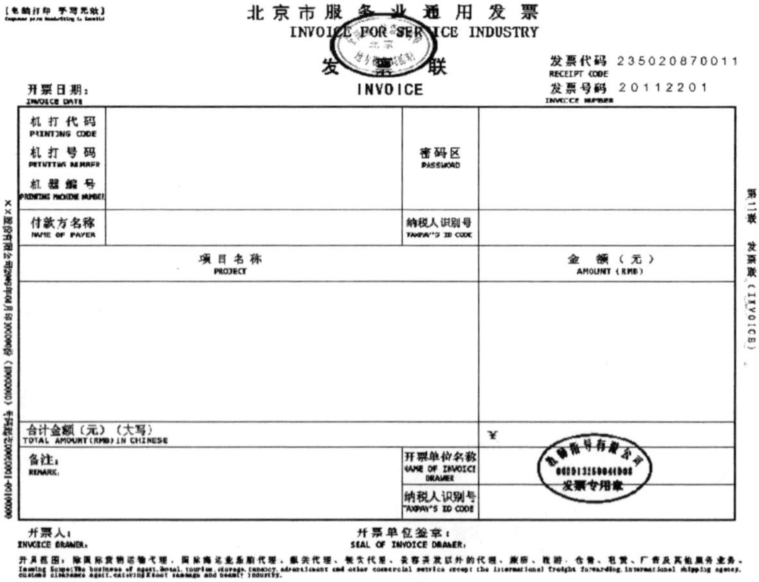

附件 2：转账支票

业务：新建生产线（见附件 1、附件 2、附件 3）

附件 1：购买生产线发票

附件 2：固定资产验收单（在建完成）

固定资产验收单

年　月　日　　　　　　　　　　编号：

名　称	规格型号	来　源	数　量	购（造）价	使用年限	预计残值
安装费	月折旧率	建造单位		交工日期	附件	
				年　月　日		
验收部门		验收人员		管理部门	管理人员	
备注						

审核：　　　　　　　　　制单：

附件 3：转账支票

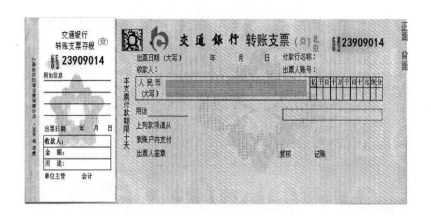

业务：更新应收款（见附件 1）

附件 1：银行进账单

交通银行 北京市分行进账单（回单或收账通知）1

交款日期 　年 　月 　日 　第 　号

付款人	全　称		收款人	全　称	
	账号或地址			账　号	
	开户银行			开户银行	

人民币（大写）		千 百 十 万 千 百 十 元 角 分

票据种类	
票据张数	

单位主管　会计　复核　记账　　　　　收款人开户银行盖章

此联是收款人开户行给收款人的回单或收账通知

业务：销售产品（见附件 1、附件 2、附件 3）

附件 1：销售产品发票

北京市国家税务局通用机打发票

记账联

机打代码135020710135
机打号码11562378
开票日期：　　　　　行业分类：零售业

发票代码135020710135
发票号码14562378

付款单位名称：			付款单位识别号：		
货物及劳务名称	规格	单位	单价	数量	金额
合计人民币（大写）：			合计：		
收款单位名称（盖章）：		收款单位开户银行及账号：			
收款单位识别号：	开票人：		备注：		

第二联 记账联（销货单位记账凭证×手开无效）

××印刷厂×年×月印×份（ 数据×3 ）号印证

附件2：产品出库单

出　库　单

出货单位：　　　　　　　　　　　年　月　日　　　　　　　　单号：

提货单位或领货部门		销售单号		发出仓库		出库日期	
编号	名称及规格	单位	数　量		单价	金额	
			应发	实发			
合　　　计							

部门经理：　　　　　会计：　　　　　　　仓库：　　　　　　经办人：

附件3：银行结算业务回单（零账期/应收款到期）

交通银行北京市分行进账单（回单或收账通知）1

交款日期　　年　　月　　日　　　第　　号

付款人	全　称		收款人	全　称	
	账号或地址			账　号	
	开户银行			开户银行	
人民币（大写）				千百十万千百十元角分	
票据种类					
票据张数					
单位主管　会计　复核　记账				收款人开户银行盖章	

此联是收款人开户银行给收款人的回单或收账通知

业务：产品研发投资（见附件1、附件2）

附件1：产品研发投资报销单

报销单

填报日期：　　年　月　日

姓名		所属部门			报销形式			
					支票号码			

报销项目	金额	报销项目	金额
		以上单据共　张 全额小计	

总金额（大写）	仟 佰 拾 万 仟 佰 拾 元 角 分	预支备用金额		应缴备用金额	

总经理：　　财务经理：　　部门经理：　　会计：　　出纳：　　报销人：

- -

附件2：转账支票

业务：支付管理费（见附件1、附件2）

附件1：管理费用报销单

报 销 单

填报日期：　　年　月　日

姓名		所属部门		报销形式			
				支票号码			
报销项目		金额		报销项目		金额	
				以上单据共　张 金额小计			
总金额（大写）	仟 佰 拾 万 仟 佰 拾 元 角 分		预支备用金额			应缴备用金额	

总经理：　　　财务经理：　　　部门经理：　　　会计：　　　出纳：　　　报销人：

附件2：转账支票

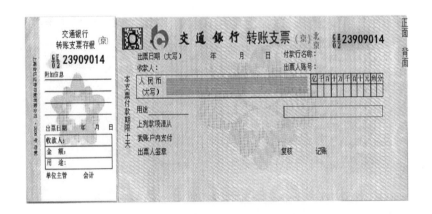

业务：新市场开拓（见附件1、附件2）

附件1：市场开拓费用报销单

报　销　单

填报日期：　　年　月　日

姓名		所属部门		报销形式	
				支票号码	
报销项目	金额	报销项目	金额		
		以上单据共　张 金额小计			
总金额（大写）	仟 佰 拾 万 仟 佰 拾 元 角 分	预支备用金额		应缴备用金额	

总经理：　　财务经理：　　部门经理：　　会计：　　出纳：　　报销人：

附件2：转账支票

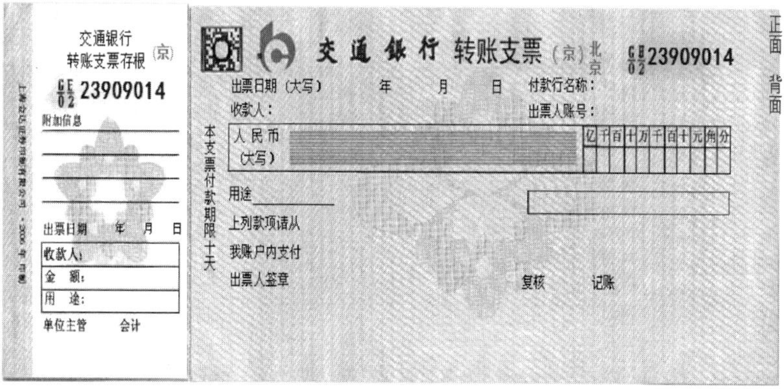

业务：**ISO 认证**（见附件 **1**、附件 **2**）

附件 1：ISO 认证费用报销单

报 销 单

填报日期： 年 月 日

姓名		所属部门		报销形式			
				支票号码			
报销项目		金额		报销项目		金额	
				以上单据共 张 全额小计			
总金额（大写）	仟 佰 拾 万 仟 佰 拾 元 角 分			预支备用金额		应撤备用金额	

总经理： 财务经理： 部门经理： 会计： 出纳： 报销人：

附件 2：转账支票

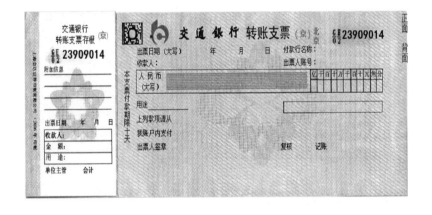

业务：支付设备维护费（见附件 1、附件 2）

附件 1：设备维护费报销单

附件 2：转账支票

业务：固定资产折旧（见附件1）

附件1：固定资产折旧统计表

固定资产折旧统计表

年　　月　　日

项目	折旧额	备注
合计		

- -

业务：计提企业所得税（见附件1）

附件1：企业所得税计算表

企业所得税计算表

年　　月　　日

项目	金额	备注
本期应纳税总额		
所得税率		
应纳所得税额		

业务：应收账款贴现（见附件1）

附件1：贴现的收款通知

交通银行北京市分行贴现凭证(收账通知)

填写日期　年 月 日　　　第　号

	全称		贴现	种类		号码	
	账号		汇票	发票日	年 月		
	开户银行			到期日	年 月		
汇票承兑单位（或银行）			账号			开户银行	
汇票金额（即贴现金额）	人民币（大写）					十亿千百十万千百十元角分	
贴现率		贴现 利息	百十万千百十元角分	实付贴现 金额		十亿千百十万千百十元角分	
上述款项已转入你单位账户此致 银行盖章 年 月			银行审批				

业务：紧急采购原材料/产品（见附件1、附件2、附件3）

附件1：采购发票

北京市国家税务局通用机打发票

机打代码 135020710135　　　　发票代码 135020710135
机打号码 14562378　　　　　　发票号码 14562378
开票日期：　　　　行业分类：零售业

付款单位名称：			付款单位识别号：			
货物及劳务名称	规格	单位	单价	数量		金额
合计人民币（大写）：				合计：		
收款单位名称（盖章）：			收款单位开户银行及账号：			
收款单位识别号：		开票人：		备注：		

第一联 发票联（购货单位付款凭证）（手开无效）

附件 2：收料单

收 料 单

年 月 日　　　　　　　　　　　　　　　　　　　　　　　编码:

材料编号	材料名称	规格	材质	单位	数量		实际单价	材料金额	运杂费	合计（材料实际成本）	
					应收	实收					业务联
供货单位				结算方法		合同号/户		计划单价	材料/计划成本		
备 注											

主管:　　　　质量检验员:　　　仓库验收:　　　　　　经办人:

附件 3：转账支票

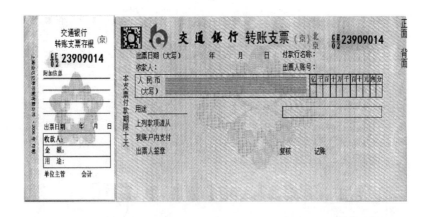

业务：出售库存（见附件1、附件2、附件3）

附件1：销售发票

北京市国家税务局通用机打发票
记账联

机打代码135020710135
机打号码11562378
开票日期：

发票代码135020710135
发票号码14562378

行业分类：零售业

付款单位名称：				付款单位识别号：		
货物及劳务名称	规格	单位	单价	数量		金额
合计人民币（大写）：				合计：		
收款单位名称（盖章）：			收款单位开户银行及账号：			
收款单位识别号：		开票人		备注		

第二联　记账联（销货单位记账凭证）手开无效

××印刷厂　××年××月××日印×××份（税额×3）＝合计数字

附件2：销售出库单

出 库 单

出货单位：　　　　　　　　　年　月　日　　　　　单号：

提货单位或领货部门		销售单号		发出仓库		出库日期	
编号	名称及规格	单位	数　量		单价	金额	
			应发	实发			
合　　计							

部门经理：　　　　　会计：　　　　　仓库：　　　　　经办人：

业务联

附件 3：银行进账单

交通银行 北京市分行进账单（回单或收账通知）1

交款日期　　年　　月　　日　　　　第　　号

付款人	全　称			收款人	全　称		
	账号或地址				账　号		
	开户银行				开户银行		

人民币（大写）		千 百 十 万 千 百 十 元 角 分

票据种类	
票据张数	

单位主管　会计　复核　记账　　　　　　　　　收款人开户银行盖章

此联是收款人开户银行给收款人的回单或收账通知

业务：厂房贴现（见附件1、附件2）

附件 1：固定资产调出单

固定资产调出单

年　　月　　日　　　　凭证编号：

固定资产名称及编号	规格型号	单位	数量	预计使用年限	已使用年限	原始价值	已提折旧	评估价
固定资产调出原因								
处理意见	使用部分	技术评估小组		固定资产管理部门		使用部门		
	同意调出	确认价属实						

附件2：贴现应收账款

交通银行北京市分行贴现凭证(收账通知)

填写日期　年　月　日　　　第　号

	全称		贴现汇票	种类			号码		
	账号			发票日		年 月			
	开户银行			到期日		年 月			
汇票承兑单位(或银行)			账号			开户银行			
汇票金额	人民币						十亿 千 百 十万 千 百 十元 角 分		
(即贴现金额)	(大写)								
贴现率		贴现利息	百 十 万 千 百 十 元 角 分		实付贴现金额		十亿 千 百 十万 千 百 十元 角 分		
上述款项已转入你单位账户此致银行盖章　年　月　日				银行审批					

图书在版编目（CIP）数据

企业经营模拟及会计信息化综合实训/沈银萱，刘青编著.—北京：
社会科学文献出版社，2016.3
（经济管理实践教材丛书）
ISBN 978 – 7 – 5097 – 5655 – 3

Ⅰ.①企…　Ⅱ.①沈…　②刘…　Ⅲ.①企业经营管理 – 会计信息 –
财务管理系统 – 高等学校 – 教材　Ⅳ.①F275.2

中国版本图书馆 CIP 数据核字（2014）第 026926 号

·经济管理实践教材丛书·
企业经营模拟及会计信息化综合实训

编　　著／沈银萱　刘　青

出 版 人／谢寿光
项目统筹／恽　薇　冯咏梅
责任编辑／冯咏梅

出　　版／社会科学文献出版社·经济与管理出版分社（010）59367226
　　　　　　地址：北京市北三环中路甲 29 号院华龙大厦　邮编：100029
　　　　　　网址：www. ssap. com. cn
发　　行／市场营销中心（010）59367081　　59367018
印　　装／三河市尚艺印装有限公司

规　　格／开　本：787mm × 1092mm　1/16
　　　　　　印　张：25.25　字　数：326 千字
版　　次／2016 年 3 月第 1 版　2016 年 3 月第 1 次印刷
书　　号／ISBN 978 – 7 – 5097 – 5655 – 3
定　　价／89.00 元

本书如有印装质量问题，请与读者服务中心（010 – 59367028）联系